LE GÉI

LOCOMOTIVE COMPOUND À GRAND

de la Société hanovrienne

Fig. 1. Élévation latérale.

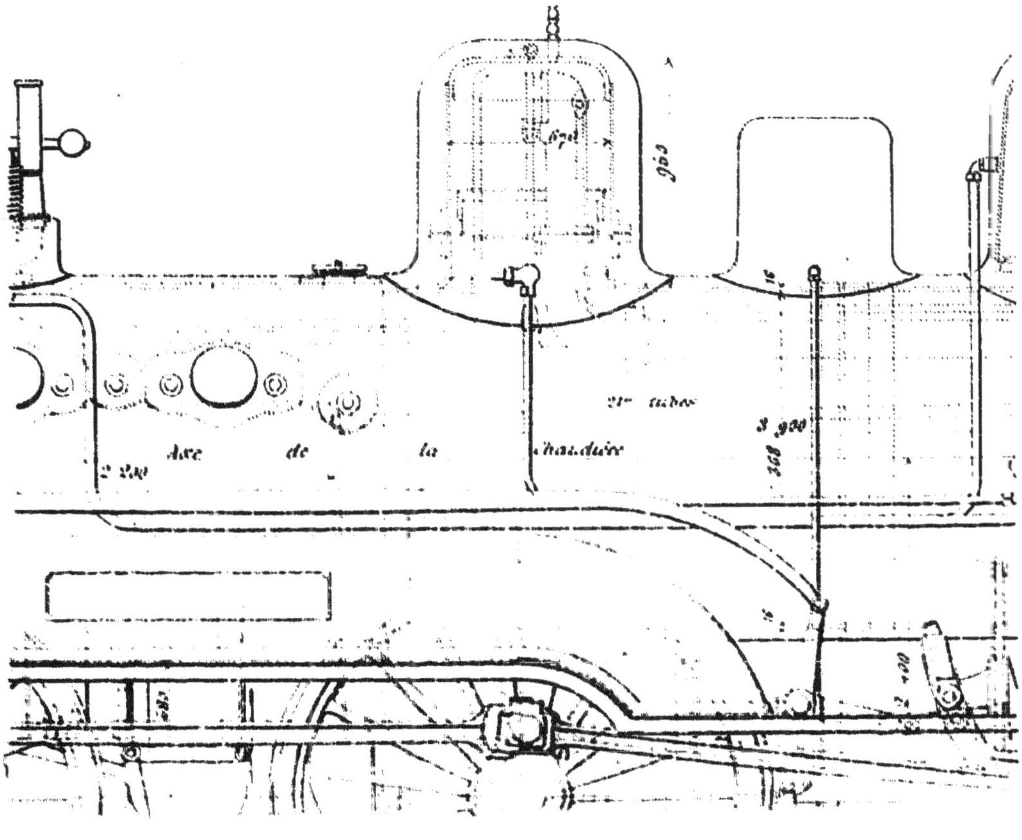

M. Boteau, auditeur de Breteuil
signale qu'il existe à Londres
une imprimerie du N° 2768
portant les lignes suivantes après la page 368

Projet
raisonné et moyens immanquables
pour arrêter les pillages, empêcher la cir-
culation et detourner jusqu'au pecule par-
des maux véreines dans toute l'eten-
due du royaume.

col de Surpe
à Londres 1769.

Réserve

R 5005.
A+10.

2768.

IDÉES SINGULIÉRES.

PREMIÈRE PARTIE.

LE PORNOGRAPHE,

OU
IDÉES D'UN HONNÊTE-HOMME
SUR
UN PROJET DE RÉGLEMENT
POUR
LES PROSTITUÉES,

Propre à prévenir les Malheurs qu'occasionne le *Publicisme* des Femmes:

AVEC

DES NOTES HISTORIQUES ET JUSTIFICATIVES.

Prenez le moindre mal pour un bien.
Machiavel, Livre du Prince, cap. XXI.

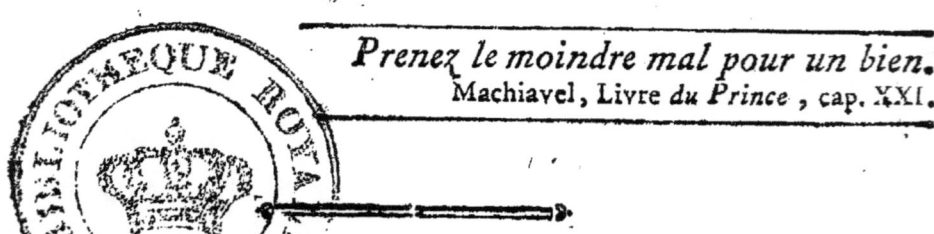

A LONDRES,
Chez JEAN NOURSE, Libraire, dans le Strand.

A LA HAIE,
Chez GOSSE junior, & PINET, Libraires de S. A. S.

M. DCC. LXIX.

IDÉES SINGULIÉRES.
Préface de l'Éditeur.

L'IDÉE de cet Ouvrage n'est pas née dans une tête Française : il y a tout lieu de présumer qu'un Manuscrit anglais, que quelques personnes de Londres ont vu, est le type sur lequel on s'est modelé. Le premier Auteur se nommait Lewis Moore : voici son histoire.

UN Anglais, jeune, opulent, bien fait, voulut voir le monde & se former à l'école de toutes les Nations de l'Europe : il vint à Paris. Cette ville lui parut bien audeſſus de ſa renommée; tout le convainquit, que le Paradis que Mahomet promet à ſes Élus, n'eſt rien en comparaiſon de la Capitale de la France pour un homme qui peut y répandre l'or à pleines mains. Durant cinq années, il ne put ſe réſoudre à quitter ce ſéjour enchanteur. Cependant ſes revenus, quoique conſidérables, étaient bien inférieurs à ſa dépenſe : les fantaiſies d'une principale Maîtreſſe en abſorbaient les trois quarts. Il ſe vit enfin dans la néceſſité de faire une réforme : il la commença par cette femme capricieuſe;

ensuite il s'efforça de remplir le vide que ce sacrifice laissait dans son cœur, par des plaisirs faciles, variés, & qui coûtaient moins. Ce fut ce qui acheva de le perdre. De honteuses maladies l'accablèrent; caduc à trente ans, il retourna dans sa Patrie, gémir de ses erreurs : ce fut-là qu'il entreprit de tracer un Plan de réforme, dont il ne devait pas profiter. Il mit à la tête de son Projet l'avis qu'on va lire.

« Je fus libertin ; je ne le suis plus.
» A peine au milieu de ma carrière,
» j'en aperçois la fin. Des plaisirs fort
» courts, sont suivis de maladies lon-

» gues & cruelles. J'ai eu recours aux
» antidotes, à ce minéral puissant, qui
» porte le nom de la Planète la plus
» proche du Soleil, aux Charlatans;
» hélas! en vain. Ne voyant plus rien
» à faire pour moi-même, j'ai résolu
» d'être utile aux autres, en rendant
» publiques mes idées, sur les moyens
» de diminuer les inconvéniens d'un
» certain état qui révolte la nature,
» mais que je sens bien qu'il est impos-
» sible d'anéantir. Puisse-t-on, par un
» Établissement utile, prendre le mal
» à sa source, & préserver d'une ma-
» nière efficace nos jeunes Citoyens,
» de ce venin destructeur qui va me
» faire descendre au tombeau! Je
» déclare, que je laisse la moitié de
» mon bien pour y contribuer, si
» jamais l'on se résout à réaliser mes
» idées.

Lewis Moore.

[*Suivait son Projet, presqu'en tout semblable à celui du Français : il le terminait ainsi :*]

« S'il est quelquefois permis à un
» simple Citoyen de proposer ses
» idées pour le bien général, ce n'est
» sans doute, que lorsqu'il le fait
» avec tout le respect dû au Gou-
» vernement sous lequel il vit, &
» quand il a sujet de craindre que
» les abus dont il desire la réforma-
» tion, ne tendent à le priver de sa
» plus douce espérance, *d'avoir des*
» *enfans sains, robustes & vertueux*».

Tel est aussi mon but, en donnant cette Édition d'un Projet semblable, que son Auteur allait ensevelir pour toujours dans l'obscurité. Les honnêtes-gens, en regardant ma démar-

che comme un effet de mon zèle & de mon amour pour l'humanité, ne feront que me rendre justice.

L'Ouvrage composé de onze *Lettres, se trouve divisé en cinq parties, ou* §§. *Dans le Premier, on avoue la nécessité de tolérer les Prostituées dans la Capitale & les autres grandes Villes d'un Royaume.*

IVme Lettre.

Le Second renferme un détail des inconvéniens inséparables de la Prostitution, même, en suivant le Plan tracé. On parle ensuite de ceux qui l'accompagnent aujourd'hui, & le Lec-

Vme Lettre.

teur conviendra qu'il font effrayans.

On propofe le remède dans le Troifième §, qui contient le Règlement. On y verra qu'une Maifon publique, bien adminiftrée, qui raffemblerait toutes ces malheureufes, le fcandale de la Société, pourrait fe foutenir par elle-même; diminuer l'abus que la fageffe des Loix tolère, fans amener aucun des inconvéniens qu'une réforme d'un autre genre occafionnerait; & contribuer au rétabliffement de la décence & de l'honnêteté publique, dont il femble que les mœurs s'éloignent infenfiblement.

VIᵐᵉ Lettre.

VII.me Lettre. *Le § IV.me répond aux Objections ; éclaircit, étend quelques Articles.*

XI.me Lettre. *Dans le V.me on récapitule la* Recette *& la* Dépense.

C'est par ces cinq §§, que l'on prouve la proposition, Que l'Établissement *, outre l'avantage que les hommes en retireront pour conserver leur santé, leurs biens, & même leurs mœurs, peut encore être utile d'une autre manière.*

Dans le cours de l'Ouvrage, on a placé quelques Notes peu considérables : il s'en trouve d'autres beaucoup plus impor-

tantes, que l'on a détachées pour les renvoyer à la fin; elles formeront comme une Seconde Partie. Les Lecteurs y verront quelques traits historiques sur les mœurs des Anciens; l'origine & l'état de la Prostitution chez les premiers Peuples; son état actuel; des exemples d'abus révoltans parmi nous; la manière dont les filles publiques ont été gouvernées dans le moyen âge : On se convaincra que ces viles & malheureuses créatures ne furent pas toujours abandonnées à elles-mêmes comme aujourd'hui.... Mais serait-il possible que les soins du digne & vigilant Magistrat qui gou-

verne la Capitale de la France, descendissent dans les détails minucieux & dégoûtans qu'exige le nombre trop considérable des Débauchées ?

Fautes à corriger.

Page 154, ligne 17, foin, *lisez* fein.

186, ligne 9, le monde, *lisez* ton monde.

196, ligne antépénultième, un Corps-de-garde, *lisez* un second Corps-de-garde.

276, ligne 16, 2,743,1000, retranchez un 0.

LE PORNOGRAPHE,

OU LA PROSTITUTION RÉFORMÉE.

Fragment d'une Lettre de madame Des Tianges à son mari.

Paris, 6 avril 176......

........Oui, j'en suis très-contente; mon *élève* soutient l'épreuve à merveille. L'honneur l'emporte

I Partie. B

dans son âme sur l'habitude du vice. Il me disait hier, qu'il me trouvait charmante, mais que son attachement pour monsieur *Des Tianges*, ne lui permettait de voir dans la femme d'un ami si respectable, si vrai, qu'une sœur chérie. Espérons tout, mon aimable ami, d'un cœur qui sans doute était fait pour ne s'égarer jamais. Les suites fâcheuses qu'ont eu ses premiers desordres, l'auront dégoûté ; il est certain, au moins, qu'elles l'ont effrayé. Ses entretiens roulent trop souvent sur la réforme qu'il desirerait qu'on mît dans les mœurs sur cet article. Lorsqu'il rencontre quelqu'une de ces viles créatures..... il frissonne ; ensuite la rougeur couvre son front. Il ne faudrait plus qu'un amour honnête, légitime, pour achever de l'affermir dans le bien. Dès que je croirai le pouvoir

faire sans imprudence, je le conduirai au couvent d'*Ursule*. Ma sœur t'est aussi chère qu'à moi; son bonheur augmentera le nôtre, & je suis sûre que *D'Alzan* le fera, s'il le veut. . . . .
. . . .

. Je serai, cher bon ami, toute ma vie glorieuse du titre de ton épouse, heureuse par celui de ton amante.

ADELAÏDE.

SECONDE LETTRE.
De D'Alzan,
à Des Tianges.

Paris, 10 avril 176..

Sais-tu, mon cher Des Tianges, que ton abfence eft trop longue? Quoi! nouvellement marié, à la plus aimable., à la plus féduifante des femmes, tu ne t'effraies pas de trois grands mois! En vérité, mon cher, je trouve que, fi ce n'eft pas avoir trop de confiance dans la vertu de ta charmante époufe, c'eft au moins en avoir beaucoup trop en ton mérite. Dans le fiècle où nous fommes .... Mais y fonges-tu! de notre tems Pénélope n'eût pas tenu huit jours, & Lucrèce n'aurait été qu'une coquette : des amans toujours à table, toujours ivres, objets bien féduifans ! le groffier *Sextus* la menace à la bouche, un poignard à la main... fi ! ce féroce attentat ferait aujourd'hui trouver une *Lucrèce* dans une fille de l'*Opéra*. Nos mœurs polies font bien plus fatales à l'honneur des maris : nous avons fecoué le joug des préjugés, la fidélité conjugale n'était déja plus la vertu de nos grand's-mères : on fe marie comme on fait un compliment de la nouvelle année, parce que c'eft l'ufage ; mais, dans le fond, l'on ne tient guère plus l'un à l'autre qu'auparavant. Rien de plus commode : il faut avouer que la fociété s'eft montée fur le meilleur ton : dans un demi-fiècle..... les fingulières chofes que l'on pourra voir dans un demi-fiècle !.... Vous ne vous êtes pas mariés de la forte, la belle

Adelaïde & toi : vous vous êtes époufés tout-de-bon : j'en gémis en vérité. Une femme, jeune, plus touchante que les Grâces, vive, enjouée, faite pour le monde & pour l'amour, vit dans la retraite parce que fon mari eft abfent, fouhaite imbécillement fon retour, compte les femaines, les jours, les heures, qui doivent s'écouler encore fans le voir, tandis qu'elle pourrait.... oui, qu'elle pourrait imiter les autres, ne t'en déplaife. Je n'entreprendrai pas de la perfuader ; je la crois incorrigible. Mais, fi je le voulais, que j'aurais de belles chofes à lui dire ! Premièrement, je citerais les Grecs, & je lui dirais avec emphâfe : Les Lacédémoniens, ce peuple fier & courageux, l'honneur & l'exemple du genre humain, penfaient comme à préfent ; & les femmes, à

Sparte, étaient... communes à tous. Et je le prouverais un *Plutarque* à la main. De-là je viendrais au siècle poli d'Auguste; je lui ferais voir Livie, passant, quoiqu'enceinte, des bras de son époux, dans le lit de l'heureux tyran de Rome : je lui montrerais les Romains, ces conquérans du monde, se fesant un jeu du divorce & de l'adultère : leurs femmes s'élançant avec intrépidité par-dessus les *quatorze rangs de siéges de l'Orchestre* (*), pour aller ramasser un

―――――――――――――

(*) *Domina... usque ab orchestrâ quatuordecim transilit, & in extremâ plebe quærit quod diligat... Ego adhuc servo numquam succubui.... Viderint matronæ quæ flagellorum vestigia osculantur ; ego etiam, si ancilla sum, umquam tamen, nisi in equestribus sedeo..... Ne hoc dii sinant, ut amplexus meos in crucem mittam !* Petron.

faquin dans la lie du peuple. Agrippine, Julie, oubliant le titre de mères... Mais c'en est trop, & la raillerie va plus loin que je ne le voulais. Ta chère Adelaïde ne verrait dans ces exemples trop fameux, que l'humanité dégradée, indignement avilie sous les pieds fangeux de l'altière impudence.

Voila comme en tout tems les hommes ont substitué une licence injuste, effrénée, à une généreuse liberté. Il est cependant des siècles où les vices sont plus gazés, parce qu'on en rougit encore : d'autres où on lève scandaleusement le masque. D'où vient donc aujourd'hui nos mœurs se raprochent-elles plus ouvertement de cet excès d'indécence où elles se montrèrent à la chute de la République romaine ?

Sans répéter ce que l'on a mille

fois redit, que plus les hommes se trouvent rassemblés en grand nombre, plus les fortunes deviennent inégales, & par une suite nécessaire, plus les mœurs sont molles, efféminées, déréglées dans les uns; basses, serviles, faciles à corrompre dans les autres; j'en vois une cause plus prochaine: C'est la *Prostitution*, telle qu'elle est tolérée parmi nous.

Je te développerais davantage ma pensée : mais tu reviens, & nous causerons. Je vais employer le reste de mon papier à te parler de ta chère, de ta respectable épouse.

Nous sommes presque toujours ensemble, comme tu nous l'as recommandé; & le fruit que j'ai tiré de nos fréquens entretiens, c'est que je suis enfin convaincu qu'il y a des femmes dignes d'être adorées, moi qui ne croyais pas qu'il en fût de vraiment estimables. Injuste prévention dont je rougis, & que je veux expier en fesant un choix comme le tien. Madame Des Tianges ne m'a pas converti par des syllogismes, des raisonnemens; mais par sa conduite: elle m'a ouvert son cœur: ô ciel! quel trésor d'innocence, de tendresse, de générosité! Ton bonheur a excité mes desirs; mais je ne te l'ai pas envié, mon ami, tu en es trop digne. Et puis, pour te dire la vérité sans aucune réserve, je viens d'apprendre que ton épouse avait une sœur, aimable comme elle : cela m'a rendus clairs certains propos de madame Des Tianges, où je n'avais rien compris. Demain nous devons aller au couvent de cette jolie Recluse: je la verrai : l'impatience où je suis de la voir me surprend; je crois cela d'un bon augure : c'est elle sans doute qui doit me faire goûter cette félicité, dont je n'avais pas d'idée avant d'être reçu chez ta vertueuse épouse. Hâte-toi de revenir, mon bon ami ; je vais avoir besoin de quelqu'un qui parle en ma faveur. Puissé-je joindre un jour, au nom d'ami dont tu m'honores, le titre de frère ! Je suis tout à toi, mon cher.

D'Alzan.

TROISIÈME LETTRE.
Du même.

20 avril.

EST-CE tout-de-bon, que tu ne viens pas encore? Ah! mon ami, peut-on vivre si longtems éloigné de ce que l'on aime? L'amour & l'amitié reclament également leurs droits violés. *Des affaires!* tu as *des affaires*, dis-tu? Eh-bien, on les laisse-là devenir ce qu'elles peuvent, & l'on revient auprès de sa femme, & d'un ami qui a besoin de nous. A la dignité avec laquelle tu parles *de ces affaires* qui te retiennent, & dans quel pays encore? en *Poitou!* ne semblerait-il pas qu'il s'agit de ta fortune ou de ta vie?...

J'ai vu la charmante Ursule. Ah!

Des Tianges, je t'aurais accusé d'injustice de m'avoir caché un si rare trésor, si ma conscience ne m'avait crié que j'étais indigne d'elle. Mon bon ami, que j'ai eu de plaisir à cette entrevue ! Dès que nous avons été arrivés, le tour s'est ouvert, Ursule est venue, & les deux charmantes sœurs ont volé dans les bras l'une de l'autre ; elles se sont caressées longtems ainsi que de tendres colombes. Ensuite ton aimable compagne m'a présenté à sa sœur comme ton ami & le sien. Je n'étais guère à moi : le trouble dont je n'ai pu me défendre m'avertissait que je venais de trouver mon vainqueur, & que le beau-sexe allait être vengé. J'ai voulu faire un compliment : je n'avais pas le sens-commun. Madame Des Tianges a ri de tout son cœur; & tu sais comme elle est jolie lorsqu'elle rit; Ursule rougissait; & ton ami déconcerté, a gardé le silence. Je me suis pourtant remis au bout d'un moment, & dès que j'ai cru pouvoir laisser parler mon cœur, sans montrer d'esprit, je me suis exprimé de manière à faire honneur à tous deux: au moins est-ce-là ce que m'a dit obligeamment ton incomparable épouse. Que dis-je, *incomparable!* oh le mot n'est plus de mise: je l'aurais dit hier encore sans scrupule; mais à présent.... Mon ami, Ursule lui ressemble trop bien pour ne pas l'égaler..... Elle parle de toi, cette charmante Ursule, avec des éloges!... je suis sûr qu'elle déférera à tous tes avis. Reviens donc, mon cher, reviens, pour la disposer en ma faveur..... Pourtant, j'en aurais des remords. Car ta petite sœur vient de m'aprendre que tes occupations à Poitiers sont si dignes d'un cœur comme le tien, qu'en vérité je me fais un scrupule de priver de ton appui ces pauvres orfelins dont tu règles les affaires, dont tu défens les droits. Tu le vois; je commence à marcher sur tes traces. Voila le premier effet des sentimens que m'ont inspiré les charmes de l'aimable Ursule.

Cependant, envelopé dans ta vertu, tu t'ennuies, & je suis sûr que tu nous souhaiterais tous auprès de toi. Nous le voudrions bien aussi. Mais puisque les devoirs que ton épouse remplit ici auprès de tes parens, rendent la chose impossible, je vais tâcher de vaincre ma paresse naturelle, & de répondre à l'invitation que tu me fais de traiter le point de morale que j'entâmai dans ma dernière lettre.

Je te disais, si je m'en rapelle

bien, que nos mœurs pourraient devenir indécentes, & qu'elles sont très-corrompues : j'avançais que la manière dont les filles publiques & entretenues vivent dans la capitale & dans nos grandes villes, mêlées parmi nous, en était une cause prochaine. Puisque j'écris pour te desennuyer, je ne ferai pas une Dissertation; mais je tâcherai de mettre de l'ordre dans ma PORNOGNOMONIE (1), autant qu'il faut pour en être entendu. . . . . . .

Je te vois sourire : le nom demi-barbare de PORNOGRAPHE (2) erre sur tes lèvres. Va, mon cher, il ne m'effraie pas. Pourquoi serait-il honteux de parler des abus qu'on entreprend de réformer.

―――――――――

(1) Ce mot grec signifie *La Règle des Lieux de débauche.*

(2) C'est-à-dire, *Écrivain qui traite de la Prostitution.*

LA

LA PORNOGNOMONIE.

Tu le sais, mon cher; il est une maladie cruelle, aportée en Europe de l'île *Haiti* (*) par *Christofe Colomb*, & qui se perpétue dans ces malheureuses que l'abord continuel des Étrangers rend comme nécessaires

―――――――――――――――

(*) *Haiti*, à présent Saint-Domingue, l'une des Antilles, où la *grosse sœur de la petite-vérole* est endémique, & comme naturelle; soit par la qualité des alimens, la chaleur du climat, ou l'incontinence des anciens habitans. C'est ainsi que l'autre fléau nommé *petite-vérole*, est propre à l'*Arabie*: il en sortit par les conquêtes de *Mahomet*; les *Croisés* l'aportèrent en Europe en revenant de la *Terre-sainte*: & tels sont les fruits que le genre humain a retirés des *Croisades* & de la découverte du *Nouveau-monde*.

I Partie. C

dans les grandes villes. C'est ainsi que la nature, mère commune de tous les hommes, sembla, dès les premiers instans d'une injuste usurpation, vouloir venger les droits des frères, sur des barbares qui dépouillaient d'un patrimoine sacré leurs propres frères. Punition aussi juste que terrible, & qui doit faire regarder comme les fléaux du genre humain, ces prétendus héros, à qui notre hémisphère ne suffisait pas. Les anciens n'étaient pas moins ambitieux que nous ; mais ils furent beaucoup plus sages : ils avaient été jetés par les gros temps sur différentes côtes de l'Amérique ; ils ne firent pourtant aucun usage de cette découverte : Eh ! qui sait la vraie raison de cette maxime effrayante qu'ils établirent ensuite, qu'on ne pouvait passer la Zone torride sans mourir ?

Leur expérience, moins fatale que la nôtre, les avait sans doute instruits : ceux qui furent infectés du *virus vénérien*, soit dans les îles ou dans le continent du nouveau-monde, périrent sans le communiquer; parce qu'ils eurent la bonne foi d'en faire connaître à temps les horribles ravages. Mais fût-ce un préjugé, que cette terreur qu'avaient les Anciens, il était heureux : plût au ciel que dans ces derniers tems, il eût arrêté le premier insensé qui osa traverser les mers !

Puisque le mal est fait, il ne s'agit plus que d'y trouver le remède. De deux moyens qui se présentent, celui *de séparer de la société*, comme autrefois les *lépreux* *, *tous ceux que la contagion a attaqués*, n'était praticable qu'à l'arrivée du *virus d'Haiti* en Europe ; le *second* qui consisterait

* *Voyez la note* (A), *à la fin.*

à mettre dans un lieu, où l'on puisse répondre d'elles, toutes les FILLES PUBLIQUES, est d'une exécution moins difficile : il est le plus efficace, le plus important, puisque ce serait prendre le mal à sa source. Un Règlement pour les Prostituées, qui procurerait leur séquestration, sans les abolir, sans les mettre hors de la portée de tous les états, en même temps qu'il rendrait leur commerce, peut-être un peu trop agréable, mais sûr, & moins outrageant pour la nature ; un tel Règlement, dis-je, aurait, à ce que je pense, un effet immancable pour l'extirpation du *virus* ; & produirait peut-être encore d'autres avantages, qu'on est loin d'en attendre. Faire naître un bien du dernier degré de la corruption dans les mœurs, serait le chef-d'œuvre de la sagesse humaine, une imitation de la Divinité.

L'honnête-homme, citoyen des grandes villes, y voit à regret règner l'abus des plaisirs les plus saints ; de ces plaisirs destinés à réparer les pertes que fait chaque jour le genre humain. Cet abus, toujours toléré, quoique ses épouvantables ravages enlèvent tant de sujets à l'état, est un écueil, où se brise la sagesse de nos loix. Tous les soins & toute la prudence d'un père sage ne peuvent garantir du péril un fils que ses pareils entraînent, & que leur malheur même n'instruit qu'à demi, s'il ne le partage. Une jeunesse débordée, tu le sais, mon cher, court après le plaisir, & ne rencontre que les douleurs, & souvent la mort. Du fond de leurs provinces, de jeunes-gens accourent à la capitale, attirés par l'ambition, ou conduits par le devoir ; & ces âmes, novices encore, se trouvent, au milieu du grand monde, au centre de la politesse, plus exposées qu'au milieu des barbares & des bêtes sauvages.

En effet, comment résisteront-ils ? Une fille faite au tour les agace: un sourire charmant se trace sur son minois trompeur : sa gorge seulement soupçonnée, tente également la bouche & la main : elle a la taille svelte & légère ; avec art, elle laisse entrevoir une jambe fine, & son petit pied que contient à demi une mule mignone. Cependant, ces attraits séducteurs ne sont presque rien encore, auprès de ceux que leur vante une infâme vieille. Elle les aborde en tapinois ; elle leur parle, elle les retient : le miel est sur ses lèvres ; le poison dans ses discours, la contagion s'exhale de son âme impure : s'ils consentent à l'entendre, ils sont perdus. Elle a chez elle des filles, dont la figure enchanteresse porte dans tous les cœurs le trouble & les brûlans desirs : vous ne serez embarrassé que du choix : on y trouve toutes les nuances de la jeunesse ; des tendrons, qui dans l'âge de l'innocence, ont acquis déja tous les talens des malheureuses auxquelles on les a livrées. Semblables à ces jeunes Esclaves que le *Georgien* ou l'habitant de la *Tartarie Circassienne* élève pour les serrails de *Perse* ou de *Turquie*, & qu'il instruit dès l'enfance à caresser le maître qui doit les acheter, elles ont à la bouche tous les termes de la débauche ; elles en ont les lubriques attitudes, sans y rien comprendre. Ces apas, que la Nature a rendus le doux apanage de leur sexe, ne sont point encore formés, & déja un goût brutal se plaît à en abuser (*) : d'inno-

(*) Il semble que les desordres les plus révoltans, soient la tache des siècles les plus éclairés. Voici le tableau que fait *Pétrone* de la conduite que tenait, dans la capitale du monde, l'impudique *Quartilla*.

Encolpe & *Ascylte* sont chez *Quartilla*, avec *Giton* : après que de vieux débauchés les eurent fatigués de caresses lascives & révoltantes, *Psyché*, suivante de *Quartilla*, s'aprocha de l'oreille de sa maitresse, & lui dit en riant quelque chose à l'oreille. *Elle répondit : Oui, oui, c'est fort bien avisé ; pourquoi non ? Voila la plus belle occasion qu'on puisse trouver pour faire perdre le pucelage à* Pannichis. *On fit aussitôt venir cette petite fille, qui était fort jolie, & ne paraissait pas avoir plus de sept ans : c'était la même qui, un peu auparavant, était entrée dans notre chambre avec* Quartilla. *Tous ceux qui étaient présens aplaudirent à cette proposition ; & pour satisfaire à l'empressement que chacun témoignait, on donna les ordres nécessaires pour le mariage. Pour*

centes & malheureuses créatures sont destinées à ranimer dans des vieillards libertins, moins laids qu'usés & corrompus, une volupté languissante, des sensations éteintes. Le jeune homme même, entraîné, sé-

---

moi (c'est Encolpe qui parle) *je demeurai immobile d'étonnement, & je les assurai que Giton avait trop de pudeur pour soutenir une telle épreuve, & que la petite fille n'était pas aussi dans un âge à pouvoir endurer ce que les femmes souffrent dans ces occasions. —Quoi! répartit Quartilla, étais-je plus âgée, lorsque je fis le premier sacrifice à Vénus ? Je veux que Junon me punisse, si je me souviens d'avoir jamais été vierge: car je n'étais encore qu'une enfant, que je folâtrais avec ceux de mon âge ; & à mesure que je croissais, je me divertissais avec de plus grands, jusqu'à ce que je sois parvenue à l'âge où je suis. Je crois que de-là est venu ce proverbe,*

Quæ tulerit vitulum, illa potest & tollere taurum.

duit, quelquefois, pour son coup d'essai, commence par violer toutes les loix de la nature.

Mais si la raison & l'humanité régnant encore au fond de son cœur, empêchent qu'il ne se livre au barbare plaisir de faner les boutons des roses avant que le souffle de Zéphyre les ait épanouies, on fera bientôt paraître à ses yeux tout ce que la Nature a formé de plus parfait. C'est un jeune objet, dont la beauté fit le malheur : trois lustres à peine achevés : gorge naissante, & fraîche encore : teint de roses & de lis.... Nonchalamment étendue sur une bergère, la déesse a choisi la posture la plus propre à faire sortir ses apas : la neige est moins blanche que le deshabillé galant qui la couvre : une jupe trop courte, un peu dérangée, laisse voir la moitié d'une jambe faite au tour : mollement apuyé fur un couffin, un joli pied donne envie de le baifer, tandis que l'autre tombe négligeamment fur le parquet : la féduifante fyrène donne à fon fein, que preffe un corfet raffemblant, collé fur fa taille fine, ce mouvement vif & répété, qui dans une beauté naïve, eft l'avant-coureur de la défaite : les Grâces vont ouvrir fa bouche mignone ; fous deux barrières de corail, on aperçoit l'ivoire & la perle : un fon de voix plus flateur que celui de la lyre fe fait entendre : un bras, une main blanche comme le lait fe déploie, elle fait figne à la victime d'aprocher : à ce mouvement enchanteur, l'âme eft ébranlée, on ne fe connaît plus : le jeune imprudent s'avance: déja la volupté l'ennivre ; les tumultueux defirs font bouillonner fon sang, & la Beauté même le caresse: Beauté perfide, qui saura paraître tendre : que dis-je ? elle jouera jusqu'à la pudeur, pour se rendre bientôt, avec un emportement affecté, lorsque les transports aveugles succèderont aux vœux craintifs.... O malheureux jeune-homme arrête!... arrête! un serpent est caché sous ces fleurs (*).

Hélas! la vue du précipice, n'est pas assez puissante pour le retenir : séduit par son cœur, par la nature même & par son tempérament, il court à sa perte. Ah ! s'il pouvait connaître le danger !... souhaits impuissans ! il doit payer ses tardives lumières du bien le plus précieux après la vertu, de sa santé.

(*) Elles ne sont pas toujours aussi dangereuses. *Voyez la note* (A).

Les loix de la société, la décence, la pudeur, & sur-tout la parure, en aiguisant les desirs, sont devenues le principe secret de la Prostitution moderne : ainsi l'on verra des intempérans & des sensuels, tant que les mets délicats & les liqueurs fines châtouilleront agréablement un palais friand : c'est donc à nos loix, non pas à détruire cet état vil, il sera tant qu'elles existeront ; mais à en diminuer l'inconvénient & les dangers, physiques d'abord, & par contrecoup, les moraux.

La Prostitution n'a pas, à la vérité, produit la honteuse contagion qui desole l'univers : mais elle la propage ; elle en est le réservoir, la source impure, & toujours renaissante(*). Quand les coupables seraient

_____

(*) Quoique cette maladie terrible soit

seuls punis, par les suites affreuses d'une volupté brutale, la justice de la peine n'empêcherait pas que ce ne fût toujours un grand mal pour le genre humain.... Mais, ô mères sages, vous, qui durant tant d'années cultivates avec soin ces tendres fleurs, l'ornement de la patrie, & les chef-d'œuvres de la nature; qui par vos exemples & vos leçons, inspirates à vos filles l'amour de la vertu & d'une chaste décence; quelles larmes amères vous prépare ce jeune époux que vous leur destinez! Aveuglées par des vertus factices, séduites par des dehors brillans, vous êtes bien loin de penser qu'il porte dans son sein la corruption & la mort; il ne s'en

---

accompagnée de symptômes moins grâves qu'autrefois, il ne faut pas s'imaginer qu'elle s'anéantisse jamais d'elle-même.

doute peut-être pas lui-même : & bientôt une jeune, une timide épouse, tourmentée par le poison dont elle ignore la nature & la source, périra douloureusement, en donnant le jour à un être innocent, infortuné comme elle, qui va la suivre au tombeau !

Oui; la Prostitution est un mal nécessaire, partout où il règne quelque pudeur; j'en conviens avec tout l'univers & tous les siècles : Sparte (*),

―――――

(*) Les loix de *Lycurgue* font croire que ce législateur ne regardait pas la pudeur comme la conservatrice de la chasteté. Les *filles* de Sparte étaient toujours indécemment vétues : il y avait même des occasions où elles paraissaient en public dans une entière nudité, pour disputer entr'elles le prix de la course: « Mais en proscrivant la pudeur, il n'est pas démontré que *Lycurgue* ait réussi à conserver la chasteté; l'une de

où cette vertu était proscrite, est le seul endroit au monde que je connaisse, où l'on ne dut point voir de ces malheureuses, qu'ordinairement tous les vices réunis précipitent jusqu'au dernier degré de l'avilissement & de la turpitude (A).

(A) *Les notes designées par ces lettres majuscules, forment la seconde Partie.*

» ces vertus est la gardienne inséparable de » l'autre. Les Lacédémoniennes n'eurent pas » une réputation irreprochable, & parmi » les vices dont on accusait le plus commu- » nément cette nation, leur libertinage ne » fut pas oublié ».

Cantet . . . . . . libidinosæ
Lædeas Lacedemonis palestras.

Martial. Epig. 55. *L. IV.*

Reste à savoir si *Lycurgue* ne regarda pas la chasteté *publique*, comme plus nuisible que nécessaire, dans l'État qu'il voulait former. Je distingue la *chasteté particulière* de la *chasteté publique*; les desordres momentanés des particuliers peuvent donner atteinte à la première, mais jamais les loix, qui n'ont d'influence que sur la seconde.

Un

Un homme qui parcourrait en politique & en philosophe, tous les lieux de débauche de cette Capitale (avec la précaution néanmoins d'avoir, comme les Triomphateurs Romains, quelqu'un à ses côtés chargé de l'avertir à tout moment qu'il est un faible mortel); un tel homme, dis-je, serait partout révolté, en voyant de grandes, de jolies filles, auxquelles, de tous les avantages de leur sexe, il ne manque que des mœurs, perdues pour la société, à laquelle elles auraient donné des enfans robustes, bien constitués, & d'une agréable figure. —La débauche engloutit donc ce qu'il y a de plus beau & de plus capable de plaire, se dirait-il à lui-même, à peu près comme la guerre détruit les hommes les mieux faits & de la taille la plus riche. Il s'ensuit delà néces-

I Partie.   D

fairement, que le nombre des belles perfonnes doit infenfiblement diminuer, & que celles qui auront quelque figure, doivent être plus vaines, plus fotes, & par conféquent, plus expofées à la féduction——. Tu regarderas peut-être, mon cher, ce que j'avance là comme hazardé & deftitué de preuves : mais jette un coup-d'œil fur cette multitude de figures prefque hideufes, qui inondent nos villes; voi la laideur & les tailles petites ou défectueufes fe propager de père en fils, de mère en fille; la nature ne travaille pas ainfi : obferve les pays où le beau fexe n'eft pas auffi-tôt enlevé que connu, & dans lefquels la fille d'un payfan quelque belle qu'elle foit, eft pour le fils d'un payfan; tu trouveras que les enfans fuccèdent aux traits de ceux qui leur ont donné le jour.

Je dis plus ; les mœurs contribuent à la beauté : des parens qui mènent une vie molle, doivent procréer des enfans débiles, dont le teint délicat & la peau tendre ne font pas à l'épreuve de l'air & des années : auſſi voit-on qu'à Paris, où l'on veut des fruits précoces, des talens précoces, des beautés précoces, où l'on *prématuriſe* tout, la Nature gênée ſert les hommes ſuivant leur goût : les jolis enfans dans les deux ſexes n'y ſont pas rares : mais leurs traits s'enlaidiſſent en ſe dévelopant ; le coloris fin & brillant de ces charmantes poupées reſſemble au goût ſuperficiel du peuple ; c'eſt une fleur qui paraît à ſon aurore avec quelqu'éclat, mais qui ſe fane avant ſon midi. Au contraire, j'ai vu dans certaines provinces, des figures demi-ébauchées, des eſprits rien moins que pénétrans, parvenus à l'adolescence, étonner, cu par la régularité de leurs traits, ou par la solidité de leur génie. Oui, mon ami, le genre humain a perdu de ses attraits: ici, par les causes particulières que je viens de t'exposer; dans toutes les parties du monde, par le mélange des peuples. Le Persan moitié Tartare, corrige, dit-on, sa laideur naturelle, en mêlant son sang avec celui des belles Esclaves de *Téflis*: mais les enfans sont moins beaux que s'ils provenaient d'un père & d'une mère nourris dans les fertiles campagnes que le *Kur* arrose, & que si ces nouveaux rejettons recevaient l'influence du climat des grâces. Le Georgien lui-même, en se privant toujours de ce qu'il a de plus parfait, ne diminue-t-il pas la beauté de son sang? Je ne crois pas qu'on en puisse douter. Nous n'avons donc plus dans le monde que de demi-beautés; ou s'il s'en trouve de parfaites, elles sont dans les cantons éloignés des grandes villes, où règne, avec l'innocence des mœurs, une aisance honnête : car la misère déforme le corps; ses funestes effets vont jusqu'à l'âme, & *lui ôtent la moitié de sa vertu.* Rien de plus aisé, en parcourant les provinces, que de se convaincre de la vérité de ce que j'avance. Les malheureux sont toujours laids : à la longue, l'abondance & l'égalité ramèneraient avec les Ris, Vénus & les Grâces. En attendant, les jolies personnes seront toujours en si petit nombre, qu'on doit bien leur pardonner leur afféterie. Mais qui ne sait pas, que le poison des Antilles porte à la forme humaine, d'irréparables atteintes?.......... Quels motifs plus puissans imaginera-t-on, pour nous porter à defirer, qu'on mette de l'ordre dans un état, qui paraît à la vérité peu fait pour être règlé, mais qui le fut autrefois, mais que rien n'empêche qui ne le foit encore (*) : La vie, la fanté des citoyens; l'intérêt de nos filles, que leur fageffe ne met pas à l'abri d'une maladie, dont on ne peut fe confeffer atteint fans rougir; les agrémens de la figure, la beauté, le fecond des avantages de l'efpèce humaine, que tant de perfonnes regardent comme le premier !

(*) On a abandonné les *Proftituées* à elles-mêmes, à peu-près vers le tems où il était le plus néceffaire de veiller fur elles par une adminiftration fage, c'eft-à-dire à l'arrivée du *virus vérolique* en Europe. Le mal s'eft étrangement étendu; & cela ne doit pas furprendre: ce qui m'étonne au contraire, c'eft que la contagion ne foit pas générale.

Mais ce n'est pas tout: on pourrait retirer des lieux de Débauche, soumis au bon ordre, un avantage réel. C'est ce que je déveloperai dans les Lettres suivantes; car celle-ci n'est déja que trop longue. Tu n'aimes pas ces fastidieuses Épîtres qui ne contiennent que des phrases stériles : je crois te servir suivant ton goût, en soumettant à tes lumières des idées qui peuvent être de quelqu'utilité pour le genre humain.

QUOIQUE ton aimable épouse t'écrive aussi, elle veut que je te fasse mille amitiés de sa part & de celle de la belle Ursule. Je te salue, mon bon ami, & suis avec un plaisir inexprimable,

Ton cher D'ALZAN.

Quatrième Lettre.
Du même.

3 mai.

JE me suis trouvé deux fois avec la charmante Ursule, depuis ma dernière, mon cher : la première fois, il y a deux jours ; madame Des Tianges était avec nous : la seconde aujourd'hui, & nous étions seuls.... Oui, seuls. Cela t'étonne ? Eh bien, pour augmenter encore ta surprise, je te dirai que nous avons causé près d'une heure, & que je lui ai dit les choses les plus.... surprenantes. Car au lieu de lui parler de la seule dont je desirasse l'entretenir, je n'ai pas eu la hardiesse d'en toucher un mot. En vérité, cette adorable fille m'intimide : elle rend modeste & retenu le *pétulant*, l'*effronté* d'Alzan : & puis il faut te dire, que nous étions dans un parloir. Madame Des Tianges m'avait prié d'avertir Ursule, qu'elle irait la prendre le soir, pour aller chez une parente, que la charmante sœur ne connaît pas. Ma chère Maîtresse (qui ne se doute pas encore que je lui donne de tout mon cœur un nom si doux) m'a questioné sur cette Dame, sur son caractère, sur sa beauté. La conversation aurait bientôt tari, car je n'avais pas grand' chose à en dire : mais j'ai fait comme *Pindare*, qui, lorsque le plat individu qui le payait pour célébrer sa victoire aux Jeux Olympiques, ne lui offrait pas une matière assez brillante, louait Castor & Pollux : fort adroitement, j'ai tourné la conversation sur Adélaïde Des Tianges;

l'éloge de son cœur de son esprit, a jailli de source; j'ai parlé longtems & avec feu de sa tendresse pour toi; j'ai peint ses mœurs pures, & j'ai dit quelque chose de sa beauté. Mes yeux étaient fixés sur l'aimable Recluse, lorsque j'ai loué les grâces de ton épouse; & je t'avouerai, que sous le nom d'Adelaïde, c'était le portrait d'Ursule que je fesais. Elle s'en est aperçue sans doute, car elle a prodigieusement rougi. Ce soir, je dois les accompagner. Conçois-tu, mon ami, combien je vais être heureux! Je passerai trois heures au moins avec Ursule; c'est en attendant cet instant desiré que je t'écris. Je reviens à mon Projet.

§. I.

NÉCESSITÉ DES LIEUX DE PROSTITUTION.

Tu as entrevu que mon deſſein n'eſt pas de faire regarder la Proſtitution comme abſolument intolérable politiquement, dans un État bien règlé : loin de-là ; je la crois d'une malheureuſe, mais abſolue néceſſité dans les grandes villes, & ſurtout dans ces abrégés de l'univers, qu'on nomme *Paris, Londres, Rome* &c.

Je me rappelle d'avoir avancé que, parmi les anciens, Sparte ſeule avait dû ſe paſſer de filles publiques. Les loix de Lycurgue ôtaient, dit-on, la pudeur à la chaſteté même ; & dès-lors les deſirs devaient être moins violens (*). Mais ce n'était pas assez :

(*) « L'amour aurait pu produire de grands
» ravages, sur-tout chez un peuple porté à
» l'enthousiasme : des loix sévères, des ob-
» stacles multipliés n'auraient servi peut-être
» qu'à le rendre plus dangereux : *Lycurgue*
» prit une voie toute opposée : indépendam-
» ment des exercices où les filles étaient en-
» tièrement nues, il voulut que leurs habits
» ordinaires les laissassent à moitié décou-
» vertes : il défendit le célibat sous peine
» d'infamie, permit aux maris de prêter leurs
» femmes, & autorisa les hommes à em-
» prunter les femmes les plus belles, en s'a-
» dressant à leurs maris. Toutes ces loix, en
» attaquant la fidélité & la pudeur, ôtaient
» à l'amour presque tout ce qu'il a de déli-
» cat & de séduisant : mais en même-tems
» elles affaiblissaient cette passion, & pré-
» venaient les fureurs de la jalousie. *Dissert.
de m. Mathon de la Cour, sur les causes &
les degrés de la décadence des loix de Lycurgue, couronnée par l'Acad. des Inscriptions
& Belles-Lettres, 1767.*

ce Législateur, que la Grèce regarda longtems comme le plus sage de tous les hommes, connaissait trop le cœur humain, pour ne pas sentir que, tant qu'une femme serait interdite à tout autre que son mari, cette impuissance de la posséder légitimement, suffirait pour en faire naître le desir. Il voulut que des citoyens, entre qui tout était déja commun, pussent se demander les uns aux autres, & se prêter leurs femmes: il imposa même l'obligation à celui qui ne pourrait avoir d'enfans de la sienne, de la céder pour quelque tems à un autre. Dans une république où tous les citoyens étaient égaux, & mangeaient en commun; où par conséquent le luxe de la table, des habits, des bâtimens était impossible, inutile ou ridicule; où le même homme enfin pouvait prétendre à toutes les beautés, & les femmes suivre des goûts que les loix ne réprouvaient pas (*), la Prostitution, cet état avilissant, qui met une fille charmante audes-

_____

(*) Voila pourquoi un Lacédémonien répondit à celui qui lui demandait, *quelle était à Sparte la peine des Adultères ?* que *le coupable était obligé de donner un bœuf assez grand, pour boire du haut du mont* Taygète *dans l'Eurotas.* — *Mais,* dit le questioneur, *il est impossible de trouver un tel bœuf.* — *Pas plus que de rencontrer un adultère à Sparte.* En effet, ce qui constitue le crime, c'est l'opposition aux loix: tous les forfaits contre la société, si sévèrement & si justement punis, ne seraient plus que des actions indifférentes, si la société était dissoute. On sait aussi que les Pères de l'Eglise, trompés par la réponse du Lacédémonien, ont cité fort souvent aux Chrétiennes l'exemple des femmes de Sparte: il faut avouer qu'ils ne pouvaient plus mal choisir. *Voyez la note précédente.*

sous des bêtes même, ne devait & ne pouvait pas exister.

A Athènes, à Rome, & dans le reste de l'univers, où les mœurs étaient beaucoup moins exactes sur l'article des mariages, qu'elles ne le sont aujourd'hui parmi nous, il y avait des lieux de Débauche : mais je suis persuadé que le nombre des filles publiques des seules villes de Paris ou de Londres, surpasse ce qui pouvait s'en trouver dans la Grèce ou dans l'Italie entière, lors de la plus grande corruption des Grecs & des Romains : parce que, outre le divorce qui était permis, un maître avait le droit de faire servir ses Esclaves à ses plaisirs (*). C'est encore

---

(*) Le droit de *jambage*, dont certains petits seigneurs *Vaudois* jouissaient encore il y a cent-cinquante ans, était un reste de

la raison pour laquelle, de nos jours, il ne se trouve presque point de Prostituées Musulmanes, très-peu chez les Indiens, & les habitans du Nouveau-monde*. Les deux genres odieux d'impudicité, dont les barbares Espagnols accusèrent ces derniers, pour donner une ombre de justice à leurs massacres, à leur tyrannie plus cruelle que la mort, étaient autant de calomnies, dont les justifia le pieux Evêque *Las-Casas* (*), qui avait par-

* *Voyez la note* (A).

cette coutume barbare. Le *terrier* de ces nobles, à la suite de leurs droits domaniaux, portait celui *de déflorer la mariée le jour de ses noces, & d'avoir la première nuit*. Il a fallu toutes les lumières qu'a répandu sur l'Europe le renouvellement de la philosophie, pour faire rougir ces petits tyrans, d'un prétendu droit qui avait été presque général, sous l'empire même du Christianisme.

(*) *Las-Casas* était évêque de *La-Chiapa* dans la Nouvelle-Espagne.

couru

couru toute l'Amérique Méridionale.

Loin de moi la pensée de proscrire la pudeur, d'excuser le divorce, & de chercher à diminuer la juste horreur qu'inspire l'usage barbare d'acheter une belle fille ; comme si ce trésor, plus grand que toutes les richesses des Monarques, pouvait être mis à prix d'argent, & que l'empire despotique qu'on se donne sur elle de cette manière, ne fût pas aussi contraire à la nature, qu'aux lumières de la raison. Nos mœurs, toutes déréglées qu'elles paraissent, sont préférables à celles des Anciens & des Musulmans (*). J'ose dire plus : il vaudrait

---

(*) Préconise qui voudra les vertus des *Turcs* & de presque tous les Asiatiques en général ; pour moi, je ne regarde les hommes de ces contrées que comme de lâches esclaves, qui se vengent de leur avilissement sur le sexe le plus faible : ce ne sont pas des époux, ce sont des maîtres dédaigneux,

mieux que nous viſſions croître le nombre des filles publiques, & que nos femmes ceſſaſſent d'être chaque jour entourées d'un eſſaim de mépriſables ſéducteurs. A cette condition ſi dure,

───────────────

ou des tyrans jaloux. Quel pays, grand dieu! où l'homme achète à la foire l'objet de ſon amour! Non, celui qui croit pouvoir acquerir & vendre ſon ſemblable, & qui regarde comme une action permiſe de détruire un homme ſans le tuer, ne peut avoir l'idée de la veritable vertu. Ces *Chinois* ſi fameux, qui, dit-on, dans les conditions même les plus baſſes, s'entr'aident civilement, ou ſe diſputent l'honneur de céder dans des circonſtances où les charretiers de Paris & de Londres ſe prennent aux cheveux; ces Chinois vantés noient leurs filles lorſqu'ils croient en avoir aſſez; ſans parler de leur fourberie, & des autres défauts, que le *Voyage de lord Anſon* a dévoîlés. Heureuſe Europe, garde tes vertus, plutôt même tes vices, que de rien envier à ces climats!

puissent-elles toutes, fidelles comme l'aimable Adelaïde Des Tianges, n'introduire jamais dans nos familles, des enfans qui usurpent nos droits, & volent notre nom ! L'expérience nous aprend qu'une épouse qui s'est oubliée jusqu'à manquer au premier de ses devoirs, ne le viole jamais seul : l'amour maternel s'efface d'une âme adultère ; les biens quelquefois se dissipent, pour fournir à la dépense d'un vil *procateur* (*) ; & sou-

―――――――――――――――――――――

(*) Notre idiome manque d'un terme propre pour rendre cette idée ; je me suis cru permis d'en emprunter un dans la langue mère de la nôtre : *Procus*, de l'ancien verbe latin *procare* [demander effrontément] & au figuré [cajoler la femme d'autrui] est le terme propre, que je rends par *procateur*. On se sert du mot *adultère* ; mais outre que cette expression est la même pour le crime & pour le criminel, l'amant d'une femme n'est pas toujours son *adultère.*

vent un mari de bonne-foi, ne fort de fa longue fécurité que ruiné & trahi. Mais pour féduire une femme, une fille d'honneur, il faut des peines, des foins, & quelquefois d'énormes dépenfes; car le beau-fexe creufe fous nos pas un goufre, qui fait également difparaître les biens de celui qu'il dupe & de l'amant qu'il favorife. J'ai vu, mon cher Des Tianges, beaucoup de ces hommes méprifables, pour lefquels le crime eft un jeu, s'effrayer des fuites d'une intrigue & l'abandonner: ils préféraient une de ces femmes, dont quelque chofe de pis que la galanterie eft le métier, parce que, difaient ils, elles font fans conféquence, & qu'on les quitte ou reprend lorfqu'on le veut. Et s'ils n'en euffent pas trouvé? C'en était fait : ils auraient tout facrifié, pour fatisfaire la première des paffions. Je conclus delà, que la Prostitution eſt un mal, qui en fait éviter un plus grand.

Effectivement, dans l'état actuel de nos mœurs, & dans un ſiècle où le nombre des Célibataires eſt ſi fort augmenté; où l'on voit même ceux qui ſont engagés dans le mariage former le projet criminel de ne vivre que pour eux, & craindre de ſe donner une poſtérité (1); où les Eccléſiaſtiques ont ſi peu l'eſprit de leur état [parce qu'en effet il eſt peu d'hommes qui puiſſent l'avoir (2)]

---

(1) Ce crime n'eſt pas à notre ſiècle ſeul: la femme d'un romain nommé *Pannicus*, prenait de coupables précautions contre la groſſeſſe:

Cur tantùm eunuchos habeat tua Gallia quæris,
Pannice?..... Gallia *non vult* parere.
Mart. Epig. 67 L. VI.

(2) L'Auteur de la *Diſſertation ſur les Loix de Sparte* fait cette remarque ſenſée:

E 3

quelle est la vertu qui pourrait se soutenir contre une foule d'ennemis intéressés à la détruire ? Les loix, même les plus sévères, auraient-elles assez de force, pour garantir de la violence, un sexe qui met sa gloire à faire naître le péril, mais qui craint de le partager ? Une foule d'Étran-

―――――――――――

« Des loix parfaitement conformes à l'hu-
» manité prendraient tous les jours une nou-
» velle force, au lieu que le tems mine &
» affaiblit les autres par degrés, & tôt ou
» tard finit par les abolir ». En effet, commander aux hommes ce qu'ils ne peuvent exécuter qu'avec de grands efforts & des combats continuels, c'est leur prescrire ce qu'ils ne feront point du tout, ou pas longtems. Tout état qui tend à élever l'homme au-dessus de la nature, est l'écueil de l'honnêteté ; car il ne peut se soutenir que dans l'enthousiasme de la nouveauté : il ne fait ensuite que des tartuffes ; espèce de mal-honnêtes gens la plus dangereuse de toutes.

gers inondent les grandes villes; ils ont quitté leurs connaissances & leurs maîtresses; mais les desirs les suivent: ils s'enflâment à la vue du premier objet, avec d'autant plus de facilité, que le beau-sexe des Capitales est plus séduisant, plus coquet : ajoutez que la privation subite où se trouvent ces Étrangers, de tous leurs amusemens ordinaires, laisse dans leurs cœurs un vide, qui les livre tout entiers à l'amour. Tu suppléeras, mon cher, à tout ce que je tais. Eh ! combien de séductions, de rapts, de viols, la Prostitution fait éviter ! Qu'on prenne une route difficile, pour ne pas dire impraticable, & qu'on change nos mœurs au point que le commerce cesse presqu'entièrement entre les deux sexes; qu'en résultera-t-il ? Un mal plus grand encore : d'infâmes *gitons* braveront im-

pudemment les loix & la nature; nos enfans vont être exposés à toutes les indignités d'une passion bru‑
(B) tale (B).

Madame Des Tianges me fait avertir : nous allons prendre Ursule. Porte‑toi bien, mon bon ami. Je te suis tout dévoué.

D'ALZAN.

CINQUIÈME LETTRE.
Du même.

15 mai.

AH! mon cher Des Tianges! cet inftant attendu avec tant d'impatience, il eft paffé... & je voudrais être encore à le defirer. Urfule n'a pas reçu l'aveu que je lui ai fait de ma tendreffe, comme je l'efpérais. Je n'ai jamais fouhaité ta préfence avec plus d'ardeur. Aurais-je un rival? quelqu'un aurait-il déja touché ce cœur, dont la poffeffion excite tous mes defirs?... Ah! Des Tianges, que je ferais malheureux!

J'étais auprès de cette fière beauté; on nous laiffait la liberté de nous entretenir : je n'ai pas manqué de saisir une occasion aussi favorable pour ouvrir mon cœur. Ursule m'écoutait; mais avec une froideur capable de déconcerter un homme moins amoureux que moi. Non, si son cœur était libre, elle n'aurait pu s'empêcher d'être attendrie de tout ce que je lui disais. Madame Des Tianges partage ma douleur; elle me plaint: mais, hélas! si son adorable sœur est insensible pour moi.... Cette idée m'accable & me suit partout. Je n'y connais point de remède, cher Des Tianges. Si tu voyais à présent ce volage, ce léger d'Alzan; cet insensé, qui bravait un sexe qu'il n'est pas digne d'adorer; qui le dénigrait, le raillait, le méprisait; ne le jugeait que d'après les Catins qu'il a hantées, & sa propre corruption; si tu le voyais humilié, pleurant.... Je connais ton cœur; il serait touché, pénétré. Ne pourrais-tu, mon bon ami, hâter la décision des affaires qui te retiennent, venir bien vîte.... Mais Ursule m'en aimerait-elle davantage? Que tu es heureux, Des Tianges! Si mon sort pouvait un jour ressembler au tien! Ah! je n'ai connu ni le bonheur, ni même le plaisir: il faut, pour en jouir, être aimé d'une femme, honnête, charmante; & ce bien si grand, qu'ai-je fait pour le mériter?

Je continue aujourd'hui à t'entretenir de mon Projet, il faut te l'avouer, autant pour me distraire, que pour m'acquitter de ma promesse: on ne doit donner à ses amis les choses que pour ce qu'elles valent. Si j'écrivais à un homme à préjugé, à quelqu'un de ces puristes qui font main-basse sur les moindres peccadilles des pauvres humains, je ne me serais pas expliqué avec autant de franchise sur la Nécessité des lieux de Prostitution. Je craindrais, avec raison, de passer dans l'esprit d'un tel homme, pour un de ces Épicuriens sans mœurs, qui voudraient pouvoir se livrer en toute sureté à leurs criminels panchans. Je n'ai pas à redouter cette injustice de ta part, mon cher; & les dispositions que je montre aujourd'hui, te sont un garant sûr que je suis changé.

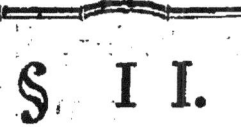

§. II.

INCONVÉNIENS DE LA PROSTITUTION.

Non, mon ami, je ne me suis point aveuglé sur les inconvéniens du *publicisme* d'un certain nombre de femmes, même avec la réforme que je desirerais qu'on introduisît: ils sont encore très-grands. Par exemple; je ne puis m'empêcher de m'avouer à moi-même, I.ᵉʳ Que si l'on mettait de la règle dans les lieux infâmes, il semblerait par-là, que le Gouvernement leur donnerait une attention dont ils sont peu dignes (*). II.ᵐᵉ Que des plaisirs sûrs, faciles, assez peu coûteux, procureraient l'assouvissement d'une passion illégitime ; diminueraient peut-

---

(*) Cette objection, la plus forte & la plus sensée de toutes, n'embarrassera plus, si l'on fait attention à toutes les précautions que le Règlement va prescrire, pour rendre la Prostitution entièrement différente de ce que nous la voyons. D'ailleurs le mal est si grand, qu'il faut employer jusqu'aux poisons, s'il peut en résulter des effets salutaires : je le dis encore, le mal est si grand, qu'il ne faut pas être délicat sur les moyens de le diminuer.

être le nombre des unions honnêtes (*). III. Qu'un Chrétien ne doit pas regarder comme une chose de petite considération, le crime que mon Projet ne peut s'empêcher de favoriser. IV.ᵐᵉ Enfin, quelques personnes pourront croire, que l'es-

___

(*) Le premier inconvénient est réel : le second me paraît peu fondé : les gens honnêtes des conditions aisées ne s'en marieront pas moins, parce qu'il y aura un *lieu public* : les habitans des campagnes, dont la population importe tant à l'État, ne songeront guères à y aller. Il n'y aura donc que nos libertins & nos célibataires volontaires ; & ces gens-là, comme on sait, sont déja perdus pour la patrie. L'Établissement peut seul diminuer la lacune que laisse le dérèglement de leurs mœurs.

pèce d'approbation qu'on donnerait à des filles perdues, influerait sur les mœurs, en accoutumant insensiblement à regarder avec moins de mépris ce dernier période de la perversité humaine (*). C'est aussi, à-peu-près, à quoi se réduisent les observations que j'ai lues dans ta lettre sur le sistême proposé. Je ne parle pas de ce que tu ajoutes encore, *Que c'est desarmer la justice divine, qui punit l'impudicité dès cette vie même, par des châtimens qui naissent du desordre auquel se livrent les débauchés.* Tu ne t'es pas rapelé, que j'avais prévu cette objection.

Examinons maintenant la foule de dangers que nous éviterons, en nous

---

(*) On n'aura plus cette idée, dès qu'on se sera bien pénétré du motif qui aurait déterminé l'établissement des *Parthénions*.

exposant à quatre inconvéniens, qui existent, même aujourd'hui, indépendamment de mon Projet.

I.^{nt} *L'affreuse maladie que la Prostitution étend & propage sans interruption, sans discontinuité.* Ses ravages s'étendent sur plusieurs générations, sans que les individus s'imbuent d'un nouveau *virus* : le minéral qu'on emploie, le régime qu'on observe affaiblissent le tempérament : un levain que l'art ne parvient jamais à détruire entièrement, attaque les principaux viscères, surtout l'estomac & les poumons : il n'est point de guérison complette ; l'*économie animale*, ébranlée trop fortement, ne reprend jamais un équilibre parfait. Si les coupables étaient seuls affectés de ce mal cruel, on pourrait le regarder comme une juste punition de leurs desordres ; mais leurs enfans

fans ne le font pas. Je l'ai dit en commençant, on voit de tendres, d'infortunées victimes devenir la proie d'un mal d'autant plus dangereux, qu'elles ne foupçonnent pas même d'en être atteintes : il a déja fait d'irréparables ravages, lorfqu'on le reconnaît aux fymptômes qui lui font propres : les nouveaux-nés & leurs nourrices périffent miférablement. L'humanité, la raifon indiquent, qu'on ne doit rien négliger pour défendre & fauver ces innocentes créatures (*).

(*) Bien des gens s'occupent à chercher des méthodes sûres & faciles pour guérir les *maladies vénériennes*, fans employer l'incommode & dangereux mercure : les prétendues découvertes peuvent tout-au-plus enrichir quelques Charlatans, que le fecret de procurer des cures palliatives rend célèbres ; mais le Gouvernement peut en tarir la fource ; il tient entre fes mains le plus puiffant des antidotes. *Voyez la note* (A).

I Partie. F

II.nt *Une foule de jeunes filles, presque toutes jolies, les mieux faites & les mieux constituées de la nation, sont perdues pour la patrie.* On sait que dans cet état, aussi dangereux qu'humiliant & pénible, elles parviennent rarement jusqu'à la moitié de leur carrière : les débauches en tout genre abrégent le cours de leur vie. Elles ne rendent point à l'État, le tribut de travail que lui doit chacun de ses membres : elles passent leurs misérables jours dans une sorte d'engourdissement, dont elles ne sortent la plupart que le soir pour tendre ces filets où l'homme le plus sage se prend quelquefois aussi-bien que le libertin (*). La patrie est

---

(*) On tue le chien enragé & le serpent, dès qu'on les a découverts : sont-ils, même physiquement, aussi dangereux qu'une *fille publique ?*

privée des sujets que lui donneraient toutes ces filles, qui regardent la grossesse comme le plus grand des malheurs; non parce qu'elle leur fait mettre ordinairement au monde des enfans mal-sains, qui périssent bientôt, ou vivent infirmes; mais parce qu'elle porte un échec toujours irréparable à leurs attraits. Aussi emploient-elles tous les artifices imaginables pour l'éviter, ou pour se procurer l'avortement, au commencement d'une grossesse reconnue.

IIIme *Les endroits de débauche, dispersés comme ils le sont parmi nous, font souvent naître, pour certaines femmes* (C), *le dessein & l'occasion de venir s'y livrer à l'infâme panchant au libertinage, qu'elles n'eussent pas écouté, sans la facilité de le satisfaire. De jeunes filles, trop dominées par le goût de la parure; sé-* (C)

duites par l'appât du gain ; quelque-
(D) *fois entraînées par le tempérament* (D),
*y vont perdre leur innocence & leur
santé ; des parens honnêtes, mais
inattentifs, deviennent ainsi les dupes
de la confiance qu'ils ont en leurs
enfans.*

IV.^{nt} *Tous les defordres règnent ordinairement dans les lieux de* Prostitution. Le mal ferait moins grand, si l'on ne fefait qu'y fuivre le panchant de la nature : mais l'on pourrait prefque regarder comme fages, ceux qui s'en tiennent là. D'ailleurs cette route naturelle ne ferait pas la plus fûre ; & malgré lui, l'homme eſt contraint de fe livrer à des goûts dépravés. Il eſt afſuré de ne pas trouver de réfiſtance, les filles devant préférer toutes les manières, à celle qui les expofe aux mêmes dangers que les hommes, & à celui qui leur est particulier, & qu'elles redoutent si fort, à la grossesse. Il n'est donc aucun genre de dégradation que ces malheureuses ne subissent : on les voit se livrer à ce qui leur répugne le plus, soit par intérêt, soit par la crainte d'être maltraitées, ce que les plus infâmes complaisances ne leur font pas toujours éviter (E). L'amour, ce sentiment divin, que l'Etre suprême fait naître dans les cœurs, pour y répandre une douce ivresse, qui nous fasse suporter les misères de la vie, & nous console dans la triste attente de la mort (F); l'amour, dis-je, lorsqu'il n'est pas joint à l'estime, fait de l'homme un animal féroce ; c'est l'amour qui le rend plus furieux, plus cruel que la colère même (G) ! il se satisfait en grinçant des dents, & meurtrit ce qu'il vient de caresser !

(E)

(F)

(G)

V.^{nt} *Accoutumés à voir des femmes sans pudeur, le mépris que les hommes ont pour elles, retombe sur tout un sexe enchanteur; à qui* je reconnais enfin, mon cher, que *nous ne pouvons rendre hommage, sans que la gloire en rejaillisse sur nous-même.* Le dirai-je? ces grâces, qui le sont davantage à demi-voilées, n'excitent plus dans leur cœur ce trouble, ce tressaillement délicieux, le premier, & peut-être le plus doux des plaisirs. Lorsque dans la suite, par pudeur, une chaste épouse se dérobe à leurs emportemens, ils sont incapables de connaître le prix d'une modeste réserve. Ils enseignent à leur vertueuse compagne, ils exigent d'elle ces caresses effrontées, dont la débauche a fait un art (H). Insensés! ignoreraient-ils que l'amour & la beauté sont de tendres fleurs, qui

(H)

se fanent dès qu'on les touche, qui se sèchent, dès qu'une main trop avide les veut presser !

VI.^{nt} *Un grand inconvénient qui résulte de ce que les filles publiques, ou mêmes entretenues, sont mêlées avec d'honnêtes citoyens, c'est qu'on peut voir, & que l'on voit souvent ce qui se passe dans leurs chambres.* Si un jeune-homme, une jeune personne, ont malheureusement découvert un endroit de leur maison, qui les mette à portée de s'instruire de ce qui se fait chez une fille publique; quel changement funeste ne présume-t-on pas que produira dans leurs mœurs cette dangereuse vue ! L'imagination de votre fille en sera souillée ; la tache qui s'imprimera sur cette âme neuve, ne s'effacera peut-être jamais. Et votre fils ? Il voudra bientôt connaître par lui-même ce qu'il n'a fait qu'entrevoir. Souvent aussi, le haut de la maison, dont les filles publiques occupent le premier étage, est habité par des gens du commun d'une conduite honnête : leurs femmes & leurs filles en rentrant chez elles, se verront exposées à des discours, à des attouchemens.... Il faudra qu'ils délogent, & que la vertu humiliée, cède la place au vice.

VII.*nt Les filles perdues sortent, se promènent, quelques-unes se font remarquer par l'élégance de leur parure ; & plus souvent encore par l'indécence avec laquelle elles étalent des apas séducteurs : de jeunes imprudens prennent avec elles, même en public, des libertés criminelles.* Et nos enfans, souvent témoins de ces horreurs, avalent le poison : il fermente, il se dévelope avec l'âge, &

cette vue dangereuse les conduit à leur perte, malgré les soins d'un père & d'une mère vigilans. La fille d'un artisan, d'un bourgeois même, encore dans cet âge, où l'ingénuité native ne lui fait soupçonner de mal à rien, voit une femme bien vétue, que de jeunes plumets suivent à la piste, abordent, caressent; cette fille innocente sent naître dans son cœur un desir de lui ressembler, faible, il est vrai, mais qui se fortifiera, & lui frayera peut-être un jour la route du desordre.

VIII.^{nt} *Dans un Jardin public, où les sens viennent d'être remués par tout ce que la Capitale a de plus séduisant, on rencontre des objets semblables à ceux qu'on vient de desirer.* Pour éviter le péril, il faut avoir une vertu à toute épreuve, ou manquer de tempérament. Quelle indécence pourtant! sous le voîle d'une demi-obscurité, on ose.... des enfans répandus dans le Jardin, ont devant les yeux... Et l'on s'étonne de la corruption des mœurs dans l'âge le plus tendre!.... La science du plaisir en précède le goût & l'usage.

IXme *Souvent une fille publique lasse de la capitale, ou craignant la vengeance de ceux à qui elle a communiqué le poison qui circule dans ses veines ; ou bien d'autres crimes lui fesant redouter le magistrat & les loix, va répandre ailleurs la contagion.* C'est alors, qu'affichant le libertinage & la crapuleuse indécence, on la voit scandaliser les voitures publiques où elle se trouve (*). Des gens sans mœurs de tout âge,

---

(*) Ceci arrive particulièrement dans les Coches par eau.

s'attroupent autour d'elle; l'on entend retentir les chanfons fales & dégoutantes, les propos révoltans de la brutalité groffière. Malheur aux jeunes-gens fans expérience qui font témoins de mille fcènes infâmes que ces malheureufes occafionnent. Elles fuffifent quelquefois pour leur faire perdre leur innocence : malheur surtout aux jeunes filles toujours curieufes, dont l'attention, en dépit d'elles-mêmes, fe fixera fur des tableaux jufqu'alors inconnus : le vice eft fi contagieux, que l'exemple qui devrait effrayer, diminue fouvent l'horreur qu'on en avait.

D'autres fois (& dans ce cas le péril eft prefqu'inévitable) il s'y rencontre des filles publiques qui fe déguifent fous un air modefte & réfervé. La décence la plus fcrupuleufe accompagne leurs difcours & leurs manières;

un séduisant & modeste négligé, répare le délâbrement de leurs attraits: un honnête-homme les voit : son cœur lui parle pour elles; il devient officieux, complaisant, rempli d'égards : il est touché de quelques marques de reconnaissance; il s'attendrit : un sourire séducteur achève alors de le charmer; ses principes l'abandonnent (eh ! qui peut résister aux agaceries d'une femme que l'on croit honnête !) La nuit survient; on s'arrange près l'un de l'autre; l'occasion, les sens, quelquefois le cœur.... un homme est si tôt pris!... l'obscurité.... il en profite pour savourer sur une bouche impure un dangereux baiser..... il s'enhardit..... la résistance est imperceptiblement nuancée..... il succombe....... & l'honnête-homme séduit paye de sa santé, quelquefois de sa vie, l'oubli momentané de ſes devoirs (I).

(I)

Si la Proſtituée, chemin feſant, peut cauſer tous ces ravages, quels deſordres ſuivront ſon arrivée dans une ville de province, parmi des hommes que l'inexpérience va rendre faciles à tromper; que la ſoif des plaiſirs illicites dévore; ſoif que des attraits *aſſaiſonnés* à la manière des grandes villes, vont allumer bien davantage?

Je me contente d'indiquer ces principales ſources de crimes que la Proſtitution, telle qu'elle eſt ſoufferte, occaſionne chaque jour. Le Prince eſt l'image de la Divinité; comme elle, il ſait tirer le bien du mal même : lui ſeul pourrait donner l'être à un Établiſſement, dont je me forme un plan que je crois facile à exécuter. Cet avantage précieux, de faire contribuer les abus particuliers au bien général, est le plus glorieux apanage des Rois.

Adieu, mon cher Des Tianges: puisse ton prompt retour faire que cette lettre soit la dernière que t'écrira Ton bon ami

D'ALZAN.

P. S. Nous recevons tes Lettres, à l'instant. *Dès que monsieur d'Alzan attaque, il faut bien se rendre!* Tu railles ton ami, Des Tianges; & tu devrais le plaindre: l'aimable Adelaïde connaît mieux les droits de l'amitié.

SIXIÈME LETTRE.
Du même.

24 mai.

ÉCOUTE, cher Des Tianges : j'ai surpris un secret, & je te le confie : la *divine* Ursule.... passe-moi le terme ; je ne sais s'il est assez fort : eh bien, cette fille charmante est venue ce matin voir ton épouse. Je suis arrivé un instant après. La vieille Jeanneton, à qui j'ai le bonheur de ne pas déplaire, & qui cherche à me faire tous les plaisirs qui sont en son pouvoir, la vieille Jeanneton, ta cuisinière, me l'a dit à l'oreille, avant de m'annoncer. J'ai su commander à mon empressement ; j'ai passé dans ton cabinet, non pour y donner quelques heures à nos affaires, suivant mon usage depuis ton absence, mais dans le dessein de réfléchir un peu sur ce que je devais dire à la fière Beauté qui me captive. Je ne trouvais rien à mon gré : je m'abandonnais aux idées les plus tristes. — Voila donc, me disais-je à moi-même, ce D'Alzan, à qui rien ne résistait ; que le mérite trop vanté d'une figure séduisante rendait si vain ; ce présomptueux qui crut longtems que toutes les femmes briguaient la conquête de son cœur ; le voila ; il échoue... auprès d'une enfant !.... Ces réflexions, *très-morales*, commençaient sur un ton à me mener loin, lorsque madame Des Tianges, & son aimable sœur sont venues dans ta chambre. Je n'ai pas voulu me montrer tout-d'un-coup, & bien m'en a pris, car je fesais le sujet de la conversation. O ! mon ami, cette Adélaïde

que

que je croyais si unie, si naïve, si bonne, comme elle est fine!... Elle me plaignait l'autre jour, d'un air si vrai, si touché.... Voici ce qu'elle disait à sa sœur : —Les hommes n'estiment la conquête de notre cœur, qu'à proportion des peines qu'elle leur coûte, ma chère Ursule : quels que soient les sentimens que monsieur d'Alzan t'ait inspirés, il faut, non pas être fausse, mais user d'une sage dissimulation. Il a du mérite sans doute, & je le préfère à tout autre pour toi, ma bonne amie; mais par cette raison même, je veux m'assurer que vous ferez mutuellement votre félicité : je veux avoir des preuves solides, que sa tendresse n'est pas un sentiment aveugle, un goût passager, qui ne serait pas à l'épreuve du mariage; & j'ai de bonnes raisons pour penser de la

forte. Laisse-toi conduire, ma toute aimable, ton bonheur m'est aussi cher que le mien. Je ne trouve pas étrange que monsieur d'Alzan t'ait plu; j'aurais mauvaise opinion de ton cœur, s'il était insensible au mérite qu'accompagnent les grâces & mille talens agréables, dans un homme que nous te destinons, qui t'aime, qui te l'a dit : mais, il est des caractères, qu'une espèce de femmes a gâtés.... il faut se défier de tous les amans. Le tien est un homme d'honneur : mais.... c'est un volage. Ne compte sur lui, & n'abandonne ton cœur à la douceur d'être aimée, que lorsque je te dirai, *il en est tems*—.
.... J'étais sur le point de m'élancer hors du cabinet, & de venir aux genoux d'Ursule, la convaincre par la vivacité de mes transports, & par les sermens les plus sacrés, de la vérité

& de la durée de mon amour. Ah! Des Tianges! j'en jure dans le sein de l'amitié, j'aime, j'aime pour jamais....
J'ai craint de leur déplaire, en me montrant. Ton épouse a continué: —Tous les hommes ne sont pas comme monsieur Des Tianges; ils n'ont pas tous ce caractère vrai, que l'on démêle au premier coup-d'œil : tous n'ont pas des mœurs aussi pures que les siennes.... Non que je veuille te faire entendre.... ah! ma chère, c'est un bonheur semblable à celui que me fait goûter le plus estimable des hommes, que je cherche à te procurer en t'unissant à l'ami de mon époux : mais ne négligeons rien de ce que prescrit la prudence humaine : je desire autant que toi-même, & plus vivement peut-être, que ton amant soit digne d'un cœur tel que le tien; de ce cœur si tendre, si pur,

G 2

dont le mien me répond. A te dire vrai, je penfe que monfieur d'Alzan fera docile aux confeils de fon ami ; qu'il fuivra fes exemples ; je vois dans leurs humeurs, un raport qui me fait concevoir cette efpérance flateufe : mais il eft bien jeune encore, les hommes n'ont de raifon qu'à trente ans : toi, tu fors à peine de l'enfance.... attendons, ma bonne amie ; attendons un peu : ne précipitons rien ; j'aurais prefqu'autant de regret de faire le malheur de monfieur d'Alzan que le tien. —Ma tendre fœur, repondait Urfule, je fens toute la fageffe de vos confeils, & vous ne me verrez jamais m'en écarter : je vous ai fait lire jufqu'au fond de mon cœur ; daignez me fervir de mère : le ciel, depuis longtems, nous a privées de celle qui nous chériffait ; vous avez feule fenti cette perte ; vous mîtes toujours vos soins à la réparer pour moi : ô ma sœur ! ma chère sœur ! Ursule ne cessera jamais d'avoir pour vous toute la tendresse d'une fille soumise——. Elles se sont embrassées, mon cher Des Tianges; je les voyais; je me contenais à peine: durant quelques momens, elles ont formé un groupe.... O mon ami, l'art n'est rien : comment pourrait-il exécuter ce divin modèle ! J'allais, je crois, me montrer, mais elles sont sorties; & je m'en félicite; car je suis ravi qu'elles ne sachent pas que je les ai entendues; je veux leur laisser le plaisir de suivre le plan qu'elles se sont tracé : je leur promets un entier succès !... Quelles femmes adorables ! Des Tianges !... Adélaïde !... divine Adélaïde, que vous êtes digne d'être la sœur d'Ursule, & la femme de mon ami !

Je suis heureux, mon cher: tu sens combien je dois l'être..... Au bout d'un moment, je me suis présenté chez madame Des Tianges, après avoir recommandé le secret à la bonne Jeanneton. Adelaïde m'a reçu d'un air ouvert: sur son visage, & dans ses manières, on voyait une candeur séduisante, jointe à un air d'affection pour moi, qui m'a vivement touché. Ma charmante maîtresse, fidelle aux avis de sa sœur, était polie, & rien de plus. Pour moi, ce que je venais d'entendre, répandait sur tout mon extérieur un air d'enjoûment, dont je n'étais pas toujours le maître de modérer la vivacité, malgré l'envie que j'en avais. J'affectais de tems-en-tems de fixer tantôt le portrait de madame Des Tianges, & tantôt celui d'Ursule, qui depuis quelques jours embellit l'apartement de ton épouse; & du coin de l'œil, je lorgnais l'aimable sœur : je remarquais alors avec satisfaction, que ses beaux yeux étaient attachés sur moi : mais, levais-je les miens, on regardait autre chose. Adélaïde a été obligée de nous quitter un moment, pour quelques affaires; dès que je me suis vu seul, j'ai pris cette situation soumise, qui plaît tant aux Belles, & la seule que je desirasse depuis plus d'une heure : j'ai peint ma tendresse aux genoux de l'incomparable Ursule. J'entrevoyais ses efforts, pour me dérober son trouble, à son extrême agitation; malgré la rigueur dont elle s'efforçait de les armer, ses yeux étaient tendres : elle m'ordonnait de me lever, & ne songeait pas à retirer sa main, que je couvrais de baisers : & lorsqu'elle y a pensé, elle a pris en se fâchant, un air si doux, que j'ai mille fois renouvelé ma faute fur toutes les deux. Conçois-tu, mon ami, dans quel état délicieux je me trouvais ? Sûr d'être aimé de la plus belle, de la plus vertueufe de toutes les filles; fûr que fon cœur, d'intelligence avec le mien, partageait ma félicité, je ne voyais dans fa modefte réfiftance, que les efforts de fa vertu. Eh ! voila ce plaifir après lequel mon cœur foupirait fans le connaître; Urfule eft la première qui me le fait goûter. Je ferai deformais infenfible à tous les autres. Aimer un objet eftimable, en être aimé, voila le bonheur; on trouve le plaifir jufques dans les rigueurs d'une maîtreffe adorée.

Madame Des Tianges eft rentrée, que j'étais encore aux genoux de fa fœur. Je n'ai point changé de pofture ; j'ai renouvelé devant elle à l'aimable Urfule, les fermens que je venais de lui faire, de l'adorer toujours : j'ai preffé la belle Adelaïde de parler en ma faveur, & de répondre de ma fincérité. —Je le voudrais bien, m'a-t-elle dit, en me prenant les deux mains, pour m'obliger à la fuivre dans une autre pièce ; & fi j'en croyais mes preffentimens, je le ferais : mais, mon cher D'Alzan, je tremble pour ma fœur : fon caractère eft une douce mélancolie; lorfque fon cœur fera touché, elle aimera trop : je fouhaiterais qu'elle ne connût pas fitôt encore cette paffion, qui la rendra la plus à plaindre de toutes les femmes, fi elle ne lui procure pas une félicité complette.... Là, mon cher D'Alzan, fondez-vous bien, avant de lui dire que vous l'aimez : à la fin, elle vous croirait ; & toute votre vie, vous auriez à vous reprocher de l'avoir trompée. Prenez encore quelque tems, assurez-vous bien de vous-même, & comptez sur mon amitié——.

On n'a pas voulu que je repliquasse, mon bon ami ; on a dit qu'on avait affaire ; nous sommes revenus auprès d'Ursule, & l'on m'a congédié, en me fesant ressouvenir que c'était le jour de t'écrire : mais on a ajouté, qu'on m'attendait ce soir de bonne heure.

(K) J'obéis, mon cher : arme-toi de patience : je vais mettre sous tes yeux un Règlement, non comme celui de l'abbaye de *Thélème* (K) ; mais un projet sensé, qui diminuerait les dangers de la Prostitution, & qui compenserait *possible* par une utilité réelle, les abus qu'on ne pourrait éviter entièrement.

§ III.

MOYENS DE DIMINUER LES INCONVÉNIENS DE LA PROSTITUTION: UTILITÉ QUE L'ON PEUT TIRER D'UNE MAISON PUBLIQUE BIEN ADMINISTRÉE.

ON dit qu'à Rome, les Filles publiques sont sous la protection de l'Etat *. Mais sans aller chercher des exemples chez les étrangers, il est certain que le Gouvernement français ne regarda pas autrefois cet objet comme trop vil pour fixer son attention (L). Nos Monarques eux-mêmes, donnèrent aux *Ribaudes* ou *filles publiques*, des Lettres de sauvegarde : non pas à la vérité pour sa-

* *Voyez la note* (A).

(L).

vorifer ces infâmes; mais afin que la protection des loix empêchât qu'on ne commît dans leurs maifons, une partie des horreurs raportées dans les Notes de ma derniere Lettre (*). Les Magiftrats & les habitans des villes de *Narbonne*, de *Toulouſe*, de *Beaucaire*, d'*Avignon*, de *Troie*, &c. mettaient au rang de leurs prérogatives, la faculté d'avoir une *rue chaude* ou *maiſon publique de Proſtitution*, dont ils étaient les Adminiſtrateurs. Un zèle infructueux pour la Religion, eſt, à ce que je penſe, la ſeule cauſe du changement qui eſt arrivé à cet égard parmi nous. Les dévots d'un génie borné ſont enthouſiaſtes; ils ſuivent ſans diſcrétion, les mouvemens de leur bile, & les prennent

―――――――――――

(*) *Voyez* les notes (C), (D), (E), (G), (H), à la *ſeconde Partie.*

pour une inspiration divine ; ils se feront faussement imaginés, qu'en proscrivant la débauche, il n'y aurait plus de débauchés. Qu'est-il arrivé de-là ? Ils ont détruit le remède, & le mal a subsisté *.

* *Voyez la note* (A).

Il m'a toujours paru qu'en remettant les choses sur l'ancien pied, & donnant même au nouvel Établissement un degré de perfection, qui en ferait résulter de l'utilité pour l'État, on verrait disparaître une foule de desordres ; on éviterait les honteuses maladies qui ravagent depuis si longtems le genre humain, surtout en Europe ; & que le panchant le plus doux & le plus noble de la nature serait moins avili.

Amour ! Amour ! que les tems sont changés ! autrefois les humains t'élevaient des temples ; l'encens, les parfums les plus doux voilaient tes autels par les tourbillons de leurs précieuses vapeurs : aujourd'hui dans la fange, ignoré, méprisé, la *Lubricité* brutale a pris ton carquois, ton arc ; & dans tes flèches, elle a brisé toutes celles qui n'inspiraient qu'un tendre attachement. Sur ton trône, on voit la froide *Insensibilité*, que des insensés ont prise pour la *Vertu*. Quelle main, amie de l'humanité, te retirera de la fange, ô Amour ! te rendra ton temple, tes autels, chassera la *fille* des *Furies*, démasquera la fausse *Vertu*, & fera retentir tout l'univers de cette vérité consolante : *Mortels, le bonheur vous attend sur le sein de vos belles compagnes : c'est l'Amour, l'Amour seul, qui le donne !*

PROJET DE RÉGLEMENT

Pour les FILLES PUBLIQUES, *en conséquence de l'établissement de* PARTHÉNIONS (*), *sous la protection du Gouvernement.*

ARTICLE PREMIER.

IL serait à propos de choisir une ou plusieurs maisons, commodes & sans trop d'apparence, dans lesquelles les Filles publiques actuelles, de tout âge, seront obligées de se rendre, sous peine de punition corporelle. On sévirait par une forte amende, contre ceux qui continueraient de

Maisons.

Filles publiques actuelles.

―――――――――――

(*) Παρθένιον, *conclave virginum* ou *puellarum*. Ce mot paraîtra sans doute mal appliqué ; mais ceux qui conviendraient d'avantage, le Πορνοβοσκεῖον des Grecs, le *Lupanar* des Latins, le *B....* des Français, auraient pu blesser les oreilles délicates.

les loger, sans avoir aucun égard aux raisons qu'ils prétendraient alléguer pour se disculper. Leur délateur, quel qu'il fût, serait recompensé par la moitié de l'amende, qui lui sera remise aussitôt après la conviction.

II.

Entretenues. ON distinguera des filles perdues, celles qui sont entretenues par un seul homme : on croit nécessaire de tolérer celles-ci, parce qu'autrement ce serait attenter à la liberté des citoyens : mais le moindre scandale de la part de ces filles, sera rigoureusement puni sur les hommes ; à l'égard des femmes, on les fera conduire au *Parthénion*. Les filles entretenues seront obligées à plus de décence que les femmes ordinaires, puisqu'elles seront enlevées à la première plainte qu'on portera contr'elles.

III.

III.

Dès que l'Établissement pourra fournir à cette dépense, on construira des maisons qui lui seront propres, disposées ainsi que le demandent les Articles x & xiv. On y placera tous les nouveaux sujets, dont la manière de vivre sera règlée comme on le verra dans la suite.

Nouvelles Maisons.

IV.

Il y aura, pour régir tout *Parthénion*, un *Conseil*, composé de douze Citoyens remplis de probité, qui auront été honorés de l'Échevinage dans la ville de Paris; du Capitoulat, ou de la qualité de Maire dans les autres grandes villes : ils auront audessous d'eux, pour gouverner l'intérieur de la maison, des femmes, dont la jeunesse à la vérité se sera passée dans le desordre; mais en qui

Administrateurs.

Gouvernantes.

I Partie.   H

l'on aura reconnu de la capacité, de la douceur, & qui n'auront aucun des défauts incompatibles avec la place qu'on leur fera occuper. Ces femmes recevront chaque jour de la Supérieure, les sommes nécessaires à l'entretien des filles, & aux réparations intérieures : elles rendront un compte exact de l'emploi.

V.

Exercice. CHAQUE Administrateur sera six ans en charge; de sorte qu'après les six premières années, on en élira tous les ans deux nouveaux; & que de même chaque année les deux plus anciens sortiront de charge. Ils rendront compte pardevant le Tribunal nommé par le Souverain, deux mois après.

Recette des deniers. Pour éviter l'abus que les Administrateurs pourraient faire de leur autorité, chaque Gouvernante aura une liste des sommes qu'elle aura vu mettre au Dépôt dans la journée (*), qu'aucun Administrateur ne pourra demander à voir; & la Supérieure donnera tous les soirs ces feuilles au Commis du Greffe du Tribunal devant lequel les comptes doivent se rendre; & si ce Commis prévariquait en souffrant que quelqu'un vît les feuilles, il serait sévèrement puni.

Aucun Administrateur ne pourra entrer dans la maison pendant sa régie, soit comme Administrateur, soit comme particulier qui demande une fille, sous peine d'être deshonoré, & honteusement expulsé du Corps de l'Administration. *Réserve des Administrateurs.*

La taxe à laquelle seraient impo- *Leurs priviléges.*

―――――――――――

(*) *Voyez* la dernière disposition de l'article XVI.

ſés les Adminiſtrateurs, pour toute eſpèce de tributs, ſera rejettée ſur leurs concitoyens, durant le tems qu'ils exerceront leur emploi.

VI.

Sujets à recevoir. LES jeunes filles qui ſe préſenteront, lorſque l'Établiſſement ſera en pied, devront être reçues ſans informations ſur leur famille : bien loin

Secret. delà, il ſera expreſſément défendu par les Adminiſtrateurs, aux Gouvernantes de s'en inſtruire, & aux filles de le confier même à leurs compagnes : mais on ſera extrêmement ſcrupuleux ſur l'examen de leur ſanté. Telle que ſoit la maladie dont elles ſeraient attaquées, ce ne ſera pas une raiſon pour les refuſer ; on les fera traiter, & guérir ; & ſi la maladie était incurable, elles ſeront miſes au rang des *Surannées,* dont le ſort eſt réglé par l'article XLI : on n'en recevra pas audessus de *vingt-cinq ans.*

VII.

LE *Parthénion* sera un azile inviolable : les parens ne pourront en retirer leur fille malgré elle : ils ne pourront même lui parler, si elle le refuse : & dans le cas où ils s'introduiraient dans la maison, sous le prétexte de la demander comme une fille, on les fera sortir dès qu'elle les aura reconnus.

Azile du Parthénion.

VIII.

LES Gouvernantes ne pourront infliger aucun châtiment : elles n'auront que le droit de faire leur raport : elles ne pourront pas même employer la réprimande trop forte : elles exhorteront seulement à mieux faire. Lorsqu'une fille aura causé quelque desordre, ou com-

Fautes.

mis une faute grâve, on la fera venir dans une salle voisine de celle où s'assemblent les Administrateurs, que les Gouvernantes auront instruits auparavant, ne devant point du tout paraître avec elle, & l'accuser en face : alors le Conseil de l'Administration entrera dans la pièce où l'on aura laissé la coupable seule ; on l'entendra dans ses défenses ; & pour peu qu'elle rende le fait douteux, on la renverra comme si elle s'était entièrement justifiée, après lui avoir donné des avis & fait des remontrances. Si la fille est absolument fautive, on montrera toujours une grande disposition à la clémence; une première & une seconde fois, l'on se contentera d'annoncer le châtiment, & l'on ne punira que les sujets absolument rebelles (*).

(*) Il serait à craindre qu'une si grande in-

IX.

Si quelque fille se rendait coupable d'un grand crime, comme de détruire le fruit qu'elle porterait dans son sein, elle sera renfermée durant une année entiere dans une prison, & mise au pain & à l'eau. Si un homme avait conseillé l'avortement, il sera puni suivant les loix ordinaires.

Crimes.

X.

Les maisons à construire, seront situées dans des quartiers peu habités : elles auront une Cour & deux Jardins : il n'y aura sur la Cour, d'autres croisées que celles des Gouvernantes & des *enfans de la maison*, dont il sera parlé dans l'article XXXVIII. Tout le monde indistinctement en-

Situation des Parthénions.

---

dulgence ne dégénérât en abus, si le *Règlement* n'y pourvoyait dans la suite.

trera dans la cour. Il y aura deux sentinelles à la porte du premier Jardin, qui en interdiront l'entrée aux femmes & aux enfans : tous les hommes indifféremment & de toutes les conditions seront admis dans ce Jardin : il s'y trouvera différentes entrées, masquées par des arbres, des bosquets & des treillages, afin qu'on puisse se glisser sans être remarqué, aux endroits où se trouveront des

Bureaux. Bureaux semblables à ceux de nos Spectacles; l'on y donnera le prix fixé par le Tarif, en recevant un Billet, qui designera le Corridor, & le côté de Corridor, dans lequel l'homme qui l'a reçu pourra choisir; ce qui sera marqué par le n.° du Corridor, suivi des chifres 1 ou 2, comme on le verra, article XVII. Les croisées des filles donneront sur les Jardins, mais elles seront toujours garnies de stores, sur le premier jardin, de sortes qu'elles puissent voir sans être vues. A côté de la porte de ce Jardin, il y en aura une autre fort petite, toujours ouverte, & placée de manière qu'on y parvienne secrètement; elle sera gardée en dedans par une Gouvernante, laquelle n'en permettra l'abord qu'aux femmes. C'est par-là qu'entreront les filles qui voudront se rendre au *Parthénion* : on les recevra, à telle heure qu'elles se présenteront, soit de nuit ou de jour. Le second Jardin sera uniquement à l'usage des filles & des Gouvernantes : le public, & même les enfans nés dans la maison, & destinés à l'ouvrage, n'y pénètreront jamais.

Entrée des filles.

XI.

Il sera permis de se présenter masqué jusqu'à la porte du Bureau,

Manière de se présenter aux Bureaux.

où l'on sera obligé de se démasquer, pour se laisser voir à la Gouvernante qui délivre les Billets seulement. L'on pourra de même aller masqué, jusqu'à l'entrée du Corridor que l'on aura choisi, & l'on sera obligé de laisser son masque à la Gouvernante qui en ouvre la porte, ainsi que le Billet.

XII.

Choix de l'homme.

AUSSITÔT qu'un homme sera dans le Corridor désigné par son Billet, une Gouvernante le conduira dans un cabinet obscur; elle lèvera une petite coulisse, l'homme examinera par cette ouverture toutes les jeunes filles du premier ou du second côté du Corridor, rassemblées dans la salle commune qui leur est propre: il fera connaître à la Gouvernante celle qu'il choisit; & cette femme après avoir conduit l'homme à la chambre de la jeune fille, ira chercher celle-ci.

XIII.

LORSQU'UNE fille sera choisie, & que la Gouvernante l'aura conduite à la chambre qu'elle a coutume d'occuper, la fille, avant d'entrer, jouira du même privilége que l'homme qui l'a demandée ; c'est-à-dire, qu'elle l'examinera, en ouvrant un petit guichet, qui sera à la porte de chaque chambre ; & si elle refuse d'entrer, il sera obligé de faire un autre choix, sans que la fille soit tenue de dire la cause de sa répugnance : mais elle ne rentrera pas sur le champ dans la salle commune, afin de dérober à ses compagnes, la connaissance de son refus. *Choix de la fille.*

Un homme que la vieillesse ou sa laideur feraient toujours refuser, don- *Comment parer aux refus.*

nera à la Gouvernante un nombre, à son choix, dans celui des filles de la salle ; par exemple, s'il y a *cent filles*, il donnera un nombre quelconque, depuis *un* jusqu'à *cent* : la Gouvernante ira ensuite dans la salle ; elle demandera à chaque fille le nombre qu'elle choisit ; & celle qui rencontrera le nombre que l'homme a donné par écrit, & que la Gouvernante fera voir aussitôt, ira le trouver.

XIV.

Corps-de-garde.

A CÔTÉ du Bureau, sera le Corps-de-garde, mais qui n'aura pas vue sur ceux qui prendront des Billets. Son emploi, sera de maintenir le bon ordre dans les dehors de la maison ; de fournir de sentinelles les différens postes, & de donner main-forte aux Gouvernantes dans le besoin. Pour cet effet, il y aura dans ce Corps-de-garde une sonnette, dont les cordons répondront à tous les Bureaux; afin qu'au moindre bruit, qui surviendrait, la Gouvernante puisse avertir les Gardes : on fera châtier sévèrement, & conformément aux anciennes Ordonnances, tous ceux qui voudraient troubler la tranquillité qui doit règner dans la maison, sans aucun égard pour le rang ou la dignité, qui seront regardés comme nuls dans ces endroits.

XV.

On remettra à la Gouvernante sa canne, son épée (L), ou son masque ; les Bureaux seront fournis d'une quantité suffisante de petites armoires, dont toutes les cases auront un chifre, & l'on donnera aux hommes ce même chifre sur un morceau d'ivoire, pour reprendre en sortant ce qu'ils auront laissé.

Entrer sans armes. (L)

XVI.

Billets. Il y aura différens Billets, suivant le degré de jeunesse & de beauté. Les filles seront logées dans des Corridors, selon l'ordre suivant :

Le premier Corridor, divisé, ainsi que tous les autres, en deux classes, sera occupé par les plus âgées : cet âge n'excèdera pas *trente-six ans* : celles de *vingt-cinq* à *trente* occuperont le second ; au troisième seront les filles de *vingt* à *vingt-cinq* : on trouvera dans le quatrième, les filles de *dix-huit* à *vingt* : au cinquième, celles de *seize* à *dix-huit* : le petit nombre de filles qui pourraient se trouver de *quatorze* à *seize ans*, auxquelles un tempérament formé de bonne heure permettrait de recevoir des hommes, occupera le sixième Corridor. Les jeunes filles, au dessous de cette âge, venues d'elles-memes, ou livrées par leurs parens, & qui n'auront pas été déflorées, seront élevées avec soin aux dépens de la maison, par des femmes honnêtes, & ne seront mises au rang des sujets du *Parthénion*, à l'âge requis, que de leur choix. Si elles demandent au contraire un métier, on le leur enseignera, & ensuite on les établira comme les enfans de la maison, conformément à ce que prescrira l'Article XXXVIII.

XVII.

LES filles distinguées par une plus grande beauté, occuperont la droite du Corridor, marquée du chifre 1 : la gauche sera designée par le chifre 2.

Tarif.

Le Tarif des Billets sera au guichet de chaque Bureau : on y lira les différens prix,

SAVOIR;

Les Filles choisies entre les *Surannées*, dont il sera parlé dans l'article XXXIII, qui seront de *quarante* à *quarante-cinq ans*, six sous, ci............ 0 liv. 6 s.

Celles de *trente-six* à *quarante*, douze sous, ci... 0   12

Le premier Corridor :
{ N.° 2. dix-huit sous, ci... 0   18
{ N.° 1. une liv. quatre s. ci 1   4

Le second Corridor :
{ N.° 2. une liv. seize sous, ci 1   16
{ N.° 1. deux liv. huit sous, ci 2   8

Le troisième :
{ N.° 2. trois livres, ci...... 3
{ N.° 1. trois livres douze, ci 3   12

Le quatrième :
{ N.° 2. quatre livres seize, ci 4   16
{ N.° 1. six livres, ci....... 6

Le cinquième :
{ N.° 2. douze livres, ci... 12
{ N.° 1. vingt-quatre liv. ci 24

Le sixième :
quatre-vingts-seize livres, ci 96 livres.

Ce

Ce sera-là le revenu de la maison. *Coffret pour la Recette.* Les Gouvernantes tiendront tour-à-tour les Bureaux; chaque particulier, en recevant son Billet, montrera l'argent qu'il donne : la boîte où il le placera, sera construite & grillée de manière, qu'on ne puisse le reprendre; la Gouvernante seule pourra, au moyen d'une baguette attachée à la boîte, & dont un des bouts passera dans la loge, le faire glisser par l'ouverture d'un cofre, dont les Administrateurs auront la cléf; & les Gouvernantes écriront sur le champ la mise sur une feuille, qui leur sera envoyée tous les matins par le Commis du Greffe dont il est parlé dans l'Article v, & qu'elles renverront le soir.

XVIII.

Si un particulier, après avoir vu une fille, témoigne l'aimer, & qu'il *Amans en titre.*

I Partie. I

consente de payer chaque jour le prix du Billet, cette fille sera dispensée de se trouver dans la salle commune, & personne ne pourra la demander. Dans le cas où la fille serait du sixième Corridor, l'amant en titre, au lieu de la taxe, ne donnera par jour que *douze livres*; *six livres* pour celle qui serait du cinquième, jusqu'à ce que son âge aporte une diminution. Tous les autres Corridors, suivront la règle générale.

Logement des Entretenues. Les Filles *entretenues* seront logées dans un corps-de-logis séparé; leurs chambres seront disposées de manière, que la communication de l'une à l'autre, & avec le reste de la maison, ne se fasse que de l'aveu des Gouvernantes introductrices préposées, qui seules auront les clefs. Les Entretenues pourront se voir entr'elles; ces filles auront même la liberté de passer avec le reste de leurs compagnes non-entretenues tout le tems où celles-ci ne seront pas à la salle commune.

Il y aura une Entrée différente pour les amans en titre, lesquels seront toujours introduits par deux Gouvernantes.

Entrée des Amans titre.

Chaque homme qui choisira une maitresse, après s'être assuré du consentement de la fille, sera conduit avec elle chez la Grande-Gouververnante : on écrira devant lui sur un Livret, l'âge de la fille & son nom *parthénien* seulement, avec le N.° de l'apartement qu'elle doit occuper : l'amant en titre recevra, sur un morceau d'ivoire, ce même nom, avec le N.°: le Livret, signé de l'homme & de la Supérieure, sera remis aux

Choix d'une Maitresse.

Gouvernantes introductrices, & déposé par elles dans une armoire, sous son N.º : ce Livret ne pourra être vu, même des Administrateurs, qu'à la requisition de l'amant en titre.

Défaut de paiement. Un homme qui manquera de payer & de se montrer durant huit jours, perdra sa maitresse.

Absence. En cas d'absence, on avertira la Supérieure, & l'on déposera entre ses mains, soit en argent, soit en assurances, la somme convenable.

XIX.

Mariages prohibés, Un fils-de-famille, épris d'une passion violente pour une fille dont il aurait été le premier & le seul favorisé, ne pourra l'obtenir pour femme, tant qu'il sera sous l'autorité de ses parens, ou d'un tuteur : il ne pourra même faire les sommations respectueuses que la Loi permet après la grande majorité de trente ans : mais un homme maître de lui sera écouté, si l'on voit que ce mariage ne lui porte pas trop de préjudice; ce que le Conseil de l'Administration examinera scrupuleusement. On sera fort attentif sur les mœurs & la capacité des gens de basse-extraction que les *Sujets* (*) de la maison consentiraient d'épouser.

―――――――――――――

(*) Il y a une grande différence entre les *sujets* & les *enfans* de la maison : les premiers ont une tache inéfaçable; les seconds peuvent avoir toutes les qualités & toutes les vertus : on sait trop que la naissance la plus infâme ne les exclut pas plus que la plus illustre ne les donne. Ces difficultés ne seront conséquemment point pour les filles nées dans le *Parthénion*, & destinées au mariage, de la manière réglée dans l'article XXXVIII.

XX.

Grossesse des filles non entretenues.

LES filles, à la première aparence de grossesse, occuperont une portion de la maison destinée pour celles qui se trouveront en cet état: elles y seront traitées avec des soins particuliers. Après l'accouchement de celles qui n'auront point d'amant en titre, les enfans seront mis en nourrice : mais leurs mères prendront toutes les précautions qu'elles jugeront les plus efficaces pour les reconnaître à leur retour dans la maison ; & on leur accordera la satisfaction de les voir une fois la semaine.

XXI.

Filles enceintes entretenues.

LORSQU'UNE fille entretenue sera dans le cas de l'Article précédent, si le père de l'enfant qu'elle porte, veut prendre soin, à ses frais, de sa maîtresse, il lui sera permis de le faire : il choisira pour lors telle personne qu'il voudra pour l'accouchement, ou prendra celles qui font au service de la maison : il pourra faire emporter l'enfant, ou le faire nourrir par la mère ; le faire élever secrettement, ou fous le nom de son fils ou de sa fille ; & dans aucun cas, il ne sera obligé d'instruire qui que ce soit de son sort. Il lui sera libre de l'instituer héritier de sa fortune, dans le cas où cet homme mourrait sans enfans légitimes ou serait d'un état à ne pouvoir contracter mariage : il pourrait aussi le laisser aux soins de la maison, pour y être élevé, & lui imprimer une marque en lieu qui ne soit point aparent, & qui ne puisse incommoder l'enfant : on fera mention de cette marque, ou de toute autre précaution prise par le père, sur le *batiftaire*, & la maison s'obli-

[136]

gera de rendre cet enfant à son père à la première requisition, sans aucuns frais.

XXII.

Salles communes. TOUTES les filles d'un Corridor seront rassemblées dans deux salles, marquées sur la porte des n.°ˢ 1 ou 2, *huit* heures par jour : savoir, depuis *onze heures* du matin jusqu'à *une heure* après midi ; depuis *quatre heures* jusqu'à *sept* ; depuis *huit heures & demie*, jusqu'à *onze & demie*, qui sera l'heure du souper. Elles y seront assises, tranquilles, occupées de la lecture, ou du travail, à leur choix : chaque place sera marquée par une fleur différente, qui donnera son *Noms des filles.* nom à la fille qui l'occupera : ainsi, celles dont les places seront désignées par une *rose*, une *amaranthe*, du *muguet*, des *narcisses*, &c. se nommeront *Rose*, *Amaranthe*, *Mu-*

guette, *Narcisse*. Chaque fille aura toujours la même place. Dans les intervalles de ces heures, & des autres exercices, & tout le tems qui précédera *neuf heures* du matin, elles pourront aller prendre l'air dans le second jardin. On excepte de cette règle, comme de toutes les autres *qui ne font que de discipline*, celles qui auraient un amant en titre, auquel elles pourront donner tout leur tems, aux conditions des Articles XVIII & XXIV.

XXIII.

Il y aura des heures réglées pour la toilette & pour les repas : on se levera à *neuf heures* au plus tard : le déjeûner suivra immédiatement : on pourra s'occuper de la parure jusqu'à *onze* ; ou si la toilette est plus tôt achevée, disposer de ce reste de tems

Exercices & repas.

à sa fantaisie; comme à se visiter les unes les autres, à se promener &c. On dînera à *une heure* : depuis *deux heures*, jusqu'à *quatre*, la musique & la danse; à *sept heures*, une collation; une leçon d'instrumens jusqu'à *huit heures & demie*. Toutes les filles seront au lit à *une heure* après minuit, sans que rien puisse dispenser de cette règle. Les autres heures de la journée s'emploieront comme le prescrit le précédent Article.

Nuits. Les nuits seront mises au double de la taxe, dans les cinq premiers Corridors: il n'y en aura point dans le sixième, si ce n'est pour les amans en titre.

Encouragemens. On n'infligera aucune peine à celles qui se seront tenues dans leurs chambres à l'heure des leçons, & elles ne seront pas même reprises, si leurs abfences font rares. Dans le cas contraire, les Gouvernantes leur remontreront avec douceur le tort qu'elles fe font : fi cela était inutile, elles avertiraient le Confeil d'Adminiftration. Les punitions que pourront alors faire fubir les Adminiftrateurs, feront remifes à leur prudence, & conformes à l'efprit de douceur recommandé par l'Article VIII : mais on fent bien que dans un Établiffement d'où les châtimens font prefque bannis, il faut les remplacer par un autre reffort : ce feront les diftinctions, & des recompenfes flateufes, qui ne coûteront rien à la maifon, pour celles qui feront des progrès plus marqués dans les arts qu'on leur enfeignera; c'eft à quoi tendra efficacement la difpofition de l'Article XL. Le plus fûr moyen d'empêcher que les filles ne foient réfractaires à celles du préfent Article, ce fera de leur faire un amufement de tous leurs Exercices, plus tôt qu'une occupation férieufe, & l'on réuffira d'autant mieux, qu'il eſt peu de femmes infenfibles au plaifir de fe donner une grâce de plus, ou de déveloper d'avantage celles qu'elles ont déja.

XXIV.

Priviléges des Amans en titre.

Un amant qui voudra donner un maître particulier à celle qu'il aime, ou qui lui-même pourrait enfeigner à fa maîtreffe la mufique, la danfe, &c. l'exemptera pour toujours de paraître aux leçons de la maifon. Il pourra de même la difpenfer d'aller au Réfectoire commun de chaque Corridor, en fourniffant à la dépenfe de fa table; & dans ce cas, manger avec elle, & y paffer tout le tems qu'il jugera à propos; comme auffi, de la faire rester dans sa chambre durant sa grossesse, sans autres conditions que ce qui est prescrit par l'Article XVIII & par celui-ci.

XXV.

Aux heures que les filles passeront dans la salle commune, on leur donnera des livres instructifs & amusans; on fournira à celles qui voudront s'occuper à l'ouvrage, tout ce qui leur sera nécessaire; mais il n'y aura ni dés, ni cartes, ni aucune autre espèce de jeu dans la salle commune.

Emploi du temps à la salle commune.

XXVI.

La même fille ne pourra jamais être choisie par différens hommes en un même jour; mais si le même homme la redemandait, on permettra à la fille de l'aller trouver. On n'admettra avant *neuf heures* du matin, que les hommes déja connus

Combien une fille peut être demandée.

des filles, & qui les designeront par leur nom.

XXVII.

Combien une Surannée.

On exceptera du précédent article, les filles des trois premières Classes, qui n'étant presque plus dans le cas d'avoir d'enfans, paraîtront chaque jour autant de fois qu'elles le jugeront à propos; l'âge, l'expérience, & le feu des passions qui est amorti chez elles, fesant présumer qu'elles n'en abuseront point.

XXVIII.

Infidélités.
* *entretenue.*

Si une fille, aimée * d'un homme, feignait de répondre à sa tendresse, pour l'engager à l'épouser, ou seulement lui persuader qu'il l'a rendue mère, & qu'elle le trompât, en en recevant un autre; comme elle ne pourrait le faire qu'au su de deux Gouvernantes au moins, celles qui l'auraient favorisées seront punies griévement *, & la fille, séparée de la compagnie des autres, condamnée à un travail rude & continuel pour le reste de ses jours : celui qu'elle aura voulu tromper, pourra seul la retirer de ce triste état.

* de mort.

XXIX.

LA table sera servie sans profusion, mais avec une sorte de délicatesse : les habits seront de bon goût (M), & chaque fille se mettra de la manière qui lui plaira & qui lui siéra davantage. Un amant qui voudra donner à sa maîtresse des habits de son choix & à ses dépens, le pourra faire, & les autres présens qu'il jugera à propos ; lesquels apartiendront en propre à la fille, sans que le *Parthénion* puisse prétendre autre chose que le prix ordinaire, qui sera tou-

Table ; & autres arrangemens. (M)

jours donné d'avance : mais en cas de mort de la fille, sans enfant, la maison s'emparerait de tout ce qui lui aurait apartenu.

Soins. Les Gouvernantes auront pour les filles des égards, des attentions, des complaisances, & ne les laisseront presque jamais apercevoir de l'autorité qu'elles ont sur elles. *Lits & Linge.* Les lits, le linge, & tout ce qui sera à leur usage sera bien choisi, propre, bien fait & commode. Les Gouvernantes distribueront & reprendront le linge tous les deux jours. On aura soin que chaque fille, aidée d'une des *Visiteuses*, dont il sera parlé dans l'Article XXXIV, fasse son lit dès qu'elle sera levée.

Ce que renferme cet Article, sera observé pour toutes les classes des filles indifféremment & sans exception.

XXX.

XXX.

Dépense des Habits.

IL n'y aura point d'uniformité dans les habits; chacune des filles sera mise comme le prescrit le précédent Article : mais, pour éviter les dépenses trop considérables, on fixera la somme que chaque fille emploiera à son habillement : elle sera libre d'en disposer à sa volonté, soit qu'elle veuille s'en faire faire un seul habit qui soit plus magnifique, ou plusieurs, qui seront moindres. Cependant les Gouvernantes, afin que les filles soient toujours de la plus grande propreté, veilleront à ce qu'elles aient un nombre de deshabillés suffisant. A mesure que les filles quitteront leurs habits, ils seront employés à vêtir celles des enfans nés dans la maison qui sont destinées soit au mariage, soit à la condition de leurs mères, soit à devenir ouvrières, &

ces habits seront refaits à leur usage; observant de donner les plus magnifiques à celles des deux premières classes.

XXXI.

Bains. IL y aura des bains tièdes & froids dans la maison, & chaque fille les prendra de deux jours l'un durant toute l'année : savoir, en *été*, les tièdes & les froids; en *hiver*, les tièdes seulement : les ouvrières mêmes y seront sujettes une fois par semaine en *hiver*, & plus souvent durant l'*été* (*).

(*) Il serait à souhaiter que cet usage pût se pratiquer dans les hôpitaux, sur-tout dans ceux qui sont faits pour les enfans, comme la *Pitié*, la *Correction* de *Bicêtre*, les *Enfans Bleus*, *Rouges*, &c. le bain, dans ces maisons, préviendrait les maladies de la peau qui y sont si communes, & qui, si elles ne

XXXII.

Il sera défendu à toutes les filles *Fard.* d'avoir jamais aucunes odeurs; de mettre du blanc ou du rouge; de se servir de pommades pour adoucir la peau, étant reconnu que tout cela ne donne qu'un éclat factice, & détruit la beauté naturelle. On excepte toujours de cette règle, celles qui

___

font pas périr les enfans, les tourmentent, retardent ou empêchent leur accroissement, apauvrissent leur tempérament, &c. Quant au *Parthénion*, les bains tièdes sont absolument nécessaires à des filles qui prendront peu d'exercice; il leur en tiendra lieu, en favorisant en elles une transpiration convenable : il maintiendra dans une grande propreté les *filles* & les *ouvrières;* son usage fréquent diminuera l'odeur désagréable qui se fait sentir dans tous les endroits où plusieurs personnes sont obligées d'être continuellement ensemble.

auront un amant, dont elles doivent avoir la liberté de fuivre le goût : mais elles ne feront pas difpenfées de la loi du bain : & la Gouvernante s'affurera qu'au moins elles le prennent chez elles.

XXXIII.

Surannées. LES fommes que chaque jour les filles procureront au *Parthénion*, les dépenfes journalières & néceffaires prélevées, feront mifes en réferve, pour former le fond des dots des filles nées dans la maifon ou qu'on y aura reçues trop jeunes, & pour l'entretien des *Surannées*, des édifices, &c. On choifira parmi les Sujets parvenus à l'âge de *trente-fix ans* & audelà, un certain nombre de filles, qui auront encore quelque beauté, pour en former les deux premières claffes, qui ne feront qu'à *fix* & à *douze sous*; afin que tous les ordres de l'État trouvent au *Parthénion* des filles à un taux proportionné à leurs moyens, & ne s'adressent jamais à ces malheureuses, qui n'ayant point de retraite fixe *, peuvent braver les Loix, & violer impunément les règles d'une police exacte : mais pour que les filles *Surannées* se portent avec moins de répugnance à recevoir ceux qui sont assis au dernier degré, on observera trois choses : la première, de faire prendre le bain tiède en entrant, à ces hommes, dans un endroit où ils seront commodément; la seconde, qu'ils ne restent avec la fille qu'une demi-heure; la troisième, que ceux qui se présenteront pris de vin, soient gardés dans la maison jusqu'à ce que leur ivresse soit dissipée : alors on leur accordera ce qu'ils demanderont, soit une fille,

*XII Classe de la note (A).

soit leur sortie ; & dans ce dernier cas même, on ne rendra point le prix du Billet.

XXXIV.

MALADIES VÉNÉRIENNES.

Visiteuses. ON aura la plus grande attention à préserver les filles de l'horrible maladie qui rend cet Établissement si désirable : on choisira parmi les filles dans qui l'âge & le goût des plaisirs disparaissent, celles qui auront toujours le mieux rempli leurs devoirs, & qui seront les plus intelligentes, pour visiter les hommes qui se présenteront. Elles ne leur permettront l'entrée du Corridor que designera leur Billet, qu'après qu'elles se seront assurées qu'ils jouissent d'une santé parfaite. Elles visiteront de même chaque jour les filles, à leur lever; ce sera là comme le noviciat des Gouvernantes : celles qui se seront acquittées de cet emploi à la satisfaction du Collége des Gouvernantes, seront élues par elles, à mesure qu'il se trouvera des places qui vaqueront.

XXXV.

CHAQUE année l'Administration nommera une Grande-Gouvernante, & ce sera toujours celle des Gouvernantes qui se sera distinguée par plus d'attention & de prudence. Elle n'aura d'autre fonction que de veiller à ce que chacune des Gouvernantes soit exacte à son poste : elle recevra l'argent pour la dépense ; sera présente à l'ouverture des Coffrets de Recette, à la remise des Feuilles par chaque Gouvernante Receveuse : mais le plus important de ses devoirs sera d'avoir continuellement l'œil sur la manière dont les *Visiteuses* s'acquitteront de leur emploi, & au soin que

Grande Gouvernante, ou Supérieure.

l'on prendra des filles qui feront grofses, ou dans le cas de l'Art. XXXVII.

XXXVI.

Amende. LES hommes qui feront atteints du mal dont il eſt parlé dans l'Article XXXIV, & qui auront eu l'imprudence de ſe préſenter, feront obligés de payer une amende ; & dans le cas où le coupable manquerait d'argent, on l'obligera à en donner l'équivalent en bijoux ou effets, qu'il viendra reprendre en aportant la ſomme : ſi le mal était pourtant encore aſſez peu déclaré, pour qu'on eût lieu de préſumer que le malade eſt dans la bonne foi, l'amende ſera légère, comme, par exemple, du double de la taxe du Billet.

XXXVII.

Traitement des Filles. SI, malgré toutes ces précautions, une fille ſe trouvait incommodée, on la séquestrera dès les premières indices, & elle ne sortira de l'Infirmerie qu'après une guérison entière & parfaite : les filles étant visitées chaque jour exactement, par celles qui feront le noviciat du Gouvernement, rien ne sera plus aisé que de connaître leur état; on les examinera de même lorsqu'elles sortiront du bain. A la plus légère indisposition qu'elles éprouveront, on sera attentif à en démêler le genre : mais l'on n'administrera aucun remède, que de l'avis du Chirurgien habile que l'on aura attaché à la maison. Ce Praticien expérimenté ne s'acquittera pas de son devoir à la hâte, comme ceux des Hôpitaux; ses peines seront recompensées par des honoraires convenables, & par des distinctions dignes d'un homme utile à l'État. L'entrée de toute autre partie de la maison que l'Infirmerie, hors les cas d'une nécessité urgente & imprévue, lui sera interdite de la même manière qu'aux Administrateurs.

XXXVIII.

SORT DES ENFANS NÉS DANS LA MAISON.

GARSONS. Pour que l'État tire de l'Établissement des *Parthénions*, l'utilité annoncée, on observera 1.^{nt} d'empêcher les filles autant qu'il sera possible, de prendre des précautions contre la grossesse : 2.^{nt} On favorisera la population de la maison de toutes manières, surtout en maintenant l'honnêteté, &, j'ose le dire, la pudeur même, au soin de l'incontinence & de l'impudicité : 3.^{nt} L'on prendra un soin infini des enfans, depuis le moment de leur naissance, jusqu'à l'âge, où l'on en déchargera la maison : 4.ⁿᵗ Tous ceux qui ne seront pas reconnus par leurs pères, seront réputés enfans de l'État, & comme tels, destinés à le servir ; c'est-à-dire, ceux qui seront d'une constitution propre à le faire : 5.ⁿᵗ On fera un premier choix à *huit ans*, de tous les garsons : on destinera ceux qui seront bien faits, à former un Corps de troupes qu'on exercera dès l'enfance, & qui, joints aux *Enfans-trouvés* répandus dans tous les Hôpitaux du Royaume, pourraient remplacer les Milices des paysans : 6.ⁿᵗ On aprendra à ces jeunes Soldats, à lire, à écrire, l'Arithmétique, la Géométrie, les Fortifications, & le service de l'Artillerie : il y aura, à la tête de leur éducation, des Maîtres, pris dans les Académies Royales ; ces Corps respectables ont toujours des Membres, zèlés pour le bien public, qui se consacreront volontiers à ce travail, sans autre motif que l'honneur dont ils se couvriront. 7.ⁿᵗ Les *Parthéniens* serviront *six ans*, (depuis *seize* jusqu'à *vingt-deux*) dans le Corps des *Milices* : à *ving-deux ans*, on fera un second choix de tous les sujets méritans, qui formeront un Régiment des Grenadiers royaux, lequel, par la suite, ne serait composé que de *Parthéniens* : ils y resteront jusqu'à *vingt-huit ans* : on fera pour lors une troisième promotion de ceux qui se feront distingués par leurs mœurs, leur intelligence & leur bravoure, & l'on en formerait un Corps, nommé la *Compagnie de mérite* (*):

───────────────

(*) Il est dans la nature, que l'homme qui ne tient à rien, comme le bâtard, soit plus propre qu'un autre à servir l'État; qu'il soit sur-tout plus dévoué à son maître : car après avoir encore éprouvé leur capacité, par six nouvelles années de service, les sujets qu'on tirera de cette Compagnie, seroient distribués dans tous les Régimens, pour y donner des leçons de l'Art Militaire aux Soldats: les plus beaux hommes d'entr'eux pourraient avoir une destination beaucoup plus noble encore, & remplacer auprès de la Personne Sacrée du Monarque, les Gardes Étrangères; ceux qui seraient parvenus jusques-là, auraient la faculté de se marier, après en avoir obtenu la permission de leur Commandant : 8.ⁿᵗ

il réunira pour lui ce que les autres hommes partagent entre leurs pères, leur famille & l'État. Il n'y aura donc aucun poste dont ces braves gens ne soient dignes; aucune entreprise qu'on ne puisse leur confier; leur fidélité sera inébranlable, & leur courage au-dessus de tout.

Comme ce ne serait que le très-petit-nombre, qui obtiendrait ce poste honorable, la qualité de *Maître en l'Art militaire*, & même l'entrée dans la *Compagnie de mérite*, les autres *Grenadiers Royaux*, devenus vétérans, seront recompensés suivant leur capacité; en quittant le Régiment, ils pourraient se marier, & on leur distribuerait pour vivre & élever leur famille, les différens postes du Royaume qui ne doivent s'exercer que par d'anciens Soldats; on en composerait les Gardes pour la sureté de la ville de *Paris*, les Maréchaussées, &c. Ceux que leur peu d'intelligence, ou quelque faute, aurait retenus dans le Corps des *Milices*, y resteront tant qu'ils feront en état de servir; ou, s'ils le demandent, ils pourraient être incorporés dans différens Corps, & dans les Régimens des provinces.

Quant aux garſons qui ſeront valétudinaires, malfaits, ou de trop petite ſtature, on leur donnera des métiers proportionnés à leurs forces; doux & faciles à ceux de la première & de la ſeconde eſpèce; ils deviendront les Tailleurs, les Cordonniers, les Tiſſerans en ſoies & en toiles pour l'uſage du *Parthénion*, qui vendra à ſon profit ce qu'ils fourniront au-delà; les plus robuſtes ſeront mis aux ouvrages de force, comme le jardinage & autres travaux néceſſaires dans l'intérieur : mais on laiſſerait prendre l'eſſor à ceux qui auraient du génie; l'on favoriſerait leurs diſpoſitions, & leur progrès règleraient leur ſort.

ON ferait pareillement un choix des filles, à l'âge de dix ans : 1.ⁿᵗ On mettrait à part toutes celles qui ſe- FILLES.

raient mal conſtituées, ou laides; on leur enſeignerait des métiers; leurs ouvrages ſeraient pour la maiſon, qui les entretiendrait de tout ce qui leur ſerait néceſſaire. Celles qui n'auraient d'autres défauts que la laideur, mais qui ſeraient d'un tempérament ſain, deviendraient les ouvrières en robes & en modes qu'emploieraient les filles: elles aprendraient à coîfer, & tout ce qui eſt néceſſaire à la parure : on aurait ſoin qu'elles fuſſent inſtruites par les Maîtreſſes les plus habiles; & que la manière la plus ſéyante, le meilleur goût & la nouveauté ſe réuniſſent dans leurs ouvrages. Aucuns étrangers, tant hommes que femmes, ne ſeront employés au ſervice du *Parthénion*, dès qu'une fois il aura des enfans en état.

2.^{nt} Les jeunes filles nées dans la maiſon, qui auront de la figure, ſeront

ront d'abord inftruites avec foin : on leur enfeignera différens arts, tels que le *deffin*, la *peinture*, la *danfe*, la *mufique*, les *modes*, & furtout le *grand art de la parure* : on attendra qu'elles fe décident d'elles-mêmes fur le choix d'un état : on ne les excitera point à prendre celui de leurs mères, au contraire, l'éducation honnête qu'on leur procurera, fera propre à leur en infpirer de l'éloignement. Lorfqu'elles feront déterminées à vivre dans le monde, on leur donnera les métiers qu'elles indiqueront : on les deftinera au mariage, avec une dot de *mille écus*, obfervant de ne les accorder qu'à des gens rangés, qui aient un établiffement, & un bien égal à la dot de la fille, ou un talent fupérieur pour leur profeffion. Les *garfons*, enfans de la maifon, qui pourront fe marier, feront préférés à tous autres, à moins que la jeune fille n'eût fait un choix avant qu'ils se présentassent, ou que le concurrent ne fît à sa maîtresse un avantage trop considérable pour ne pas être préféré *.

Vêtemens. Un habit particulier ne distinguera point les enfans de la maison, ou ceux qui pourraient, en quelque manière que ce soit, être employés à son service.

―――――――――――

(*) On pourrait encore choisir dans les *Parthéniens* des deux sexes, les sujets qui feraient de la figure la plus agréable, & qui montreraient d'heureuses dispositions, pour les destiner au *Théâtre* : l'Administration prendrait, pour conserver la pureté de leurs mœurs, les précautions que l'on verra dans un Projet qu'une *jeune personne* se propose de donner dans peu, & qui sera comme la suite de celui-ci.

XXXIX.

LE Conseil d'Administration aurait autorité sur tous les sujets sortis de la maison, à l'exception des Soldats, pendant qu'ils seraient au service. Il veillerait à ce que les maris ne dissipassent point, & il serait notifié à tous les Créanciers que la dot des *Parthéniennes* est inaliénable. Si l'épouse manquait à son devoir, le Conseil aviserait à y mettre ordre, par tous les moyens qu'il jugerait convenables, même en traduisant le séducteur devant les Tribunaux, qui le feraient punir corporellement suivant l'exigeance des cas, la gravité & les circonstances du délit. Le mari, d'une conduite tout-à-fait desordonnée, sera interdit; l'Administration veillera sur les affaires de la fille du *Parthénion*, si elle n'est pas en état

Autorité du Conseil sur les Enfans de la Maison.

de les gouverner elle-même : l'époux ferait puni sévèrement, s'il avait usé de mauvais traitemens, qu'il eût méprisé sa compagne, ou qu'il l'eût obligée à souffrir des indignités de la part d'une rivale, &c.

X L.

Choix des Gouvernantes. LES places de Gouvernante, seront proposées comme la recompense d'une conduite raisonnable ; & ce sera là l'expectative de celles qui n'ayant jamais encouru de châtimens ou de punitions quelconques, se trouveront avoir les lumières & les talens nécessaires. On préférera, pour cet emploi, toutes choses d'ailleurs égales, les *filles entretenues*. Elles auront le droit de sortir, les jours où les emplois intérieurs le leur permettront, pour les affaires de la maison, ou pour telle autre cause, en avertissant la Supérieure : outre la confidération dont jouiront les Gouvernantes, il y aura un prix flatteur attaché à cette place, c'eft qu'elles pourront marier à leur goût, leurs enfans non reconnus par le père, leur donner un nom de famille : & lorfqu'elles n'auront point d'enfans, il leur fera libre d'adopter celui & celle de ceux de la maifon qui leur plairont, de les unir, de tefter en leur faveur, en leur donnant de même un nom de famille, & tout leur pécule. Ces mêmes droits, pour les enfans des filles, feront réfervés à l'Adminiftration.

XLI.

LES Surannées qui ne pourront être employées à ce qui eft prefcrit par l'Article XXXIII, & par le précédent, jouiront le refte de leurs jours d'une vie tranquille, dans une portion de la maifon deftinée pour elles:

Sort des Surannées.

on les engagera à s'occuper, en recompensant celles qui le feront ; mais on ne les y contraindra pas.

Maîtresses des Exercices. Si quelques-unes d'entr'elles avaient assez bien profité des exercices des filles, pour se trouver en état d'enseigner la *danse*, la *musique*, & à jouer de quelqu'*instrument*, on les emploiera dans la maison. Ces *Maîtresses* jouiront d'une considération proportionnée à leur mérite ; elles seront à la table des Gouvernantes, & auront comme elles le privilége de sortir à certaines heures.

XLII.

Clôture. LES filles, une fois entrées, ne sortiront jamais, à moins qu'elles ne soient dans le cas des Articles XIX, XL, XLI, & XLIV, ou qu'elles ne devinssent *Filles devenues héritières.* héritières : celles-ci pourront aller régir leur bien, si elles n'aiment mieux jouir de leurs revenus, en restant dans la maison. Le *Parthénion* ne pourra recevoir aucune donation de biens de ces filles, ou de telles autres personnes que ce soit. Les héritières qui seront sorties, demeureront toujours sous l'autorité du Conseil d'Administration, qui veillera sur elles, & les ferait rentrer au *Parthénion*, si leur conduite devenait scandaleuse & déréglée.

XLIII.

UNE jeune fille, à laquelle, après son entrée dans la maison, l'honnêteté des exercices éleverait l'âme, & qui formerait le dessein de vivre desormais en fille d'honneur, sera encouragée par le Conseil dans cette bonne résolution. L'Administration lui servira de parens, ou la reconciliera avec les siens, après que par

Filles qui voudraient changer de vie.

l'épreuve de la sincérité de sa résolution, on se sera convaincu, qu'on peut lui permettre de les nommer: en un mot, on lui rendra tous les bons offices que la raison & l'humanité prescriront.

XLIV.

Parthénion quand fermé.

LE *Parthénion* sera clos les principales fêtes de l'année : ces jours-là il y aura toujours spectacle aux Théâtres de la Capitale, & l'on y conduira une partie des filles : les voitures qui les mèneront seront exactement fermées ; & les loges qu'elles occuperont, garnies d'une gaze que l'on tendra avant qu'elles y paraissent.

XLV.

Communauté entre tous les Parthénions.

L'Administration du revenu de tous les *Parthénions* du Royaume, sera commune entre les maisons. On pourra faire passer des Sujets des unes dans les autres, suivant que la prudence des Administrateurs le croira nécessaire, &c. mais l'Administration de Paris aura l'inspection générale, & pourra, où le cas y échéerait, exiger qu'on lui envoye les Sujets des maisons des autres villes : à l'exception néanmoins des filles entretenues, dont parlent les Articles XVIII, XXIV, & XXIX, qui ne changeront jamais, que dans le cas où leurs amans iraient habiter une ville qui aurait un *Parthénion* : auquel cas, elles devraient les suivre.

Telles seraient, à-peu-près, mon cher Des Tianges, les Règles d'un Établissement que les ravages physiques & moraux de la Prostitution rendraient nécessaire ; qui ferait sans doute honneur à la sagesse, à l'humanité qui en ordonneraient l'exécution, & dont on recueillerait bientôt des fruits plus grands, plus précieux, qu'on ne l'imagine d'abord. Tu le sais, il n'est rien de vil pour les *Dieux* & les *Rois*; dès qu'un objet a de l'utilité, un de leurs regards l'anoblit. Les soins les plus abjets ne sont pas les moins importans : c'est avec le fumier & la fange qu'on féconde nos jardins & nos guérets : vois cette belle tubereuse, cette renoncule, cette tulipe rare, ce n'est pas Flore, c'est un peu de terreau, qui leur donne leurs riches couleurs & tous ces trésors que nous admirons.

Bon soir ; mon ami ; ce Règlement m'a si fort occupé, que je crains bien d'avoir passé l'heure où j'aurais pu me rendre auprès d'Ursule & de ton épouse.... Mais non; il n'est pas encore sept heures, & l'on ne m'attend guères avant huit.... Ne m'épargne pas les objections sur ce que je t'envoie : tu m'obligeras beaucoup de m'en faire quelqu'une que je n'aye pas prévue.

Aime-moi, cher Des Tianges, aussi tendrement que tu le seras toujours de ton *étourdi*, mais constant

D'ALZAN.

Septième Lettre.
de Des Tianges,
à D'Alzan.

Poitiers, 1 juin 176....

Réponse.

Dans quinze jours je t'embrasserai, mon aimable ami : je jouirai de la préfence de ma chère Adelaïde, de la tienne ; je verrai ton bonheur, & celui d'Urfule ; vous êtes tous deux ce qu'au monde j'aime le mieux, après Adelaïde. Quel bonheur, mon ami, d'être l'époux d'une femme pour qui l'on reffent l'amour le plus tendre, & que l'on eftime encore plus qu'on ne l'aime ! Voila mes fentimens pour madame Des Tianges. Elle eft encore pour moi, cette charmante épouse (& elle le sera toujours) ce qu'Ursule est aujourd'hui pour le passionné D'Alzan. Oui, mon ami, ton amour pour la sœur de ma femme, remplit ma plus chère attente : j'espère que tu feras la félicité de cette fille si douce, si méritante, si belle; elle fera la tienne, sois en sûr, si l'honnêteté, une âme sensible, de flatteuses prévenances, un enjoûment aimable, en un mot toutes les qualités solides que l'on peut desirer dans une compagne ont quelque pouvoir sur le cœur d'un honnête homme : je la connais depuis longtems, & je t'en répons. Je ne forme point de doutes injurieux sur ta constance, ta sincérité, ton changement de conduite; en te donnant à ma femme pour société unique, lors de mon départ, c'était, j'espère, te prouver mon estime &

ma confiance mieux que par de vaines paroles. D'Alzan est déja vertueux, puisqu'il souhaite de le devenir. Mon ami, dans quelle douce intimité nous allons vivre! voila ce que j'avais toujours souhaité. Car, pourquoi te le cacher? Mon cher, dès que j'eus épousé mademoiselle *de Roselle*, je te destinai sa sœur. L'amour & l'amitié ont secondé mes vues plus tôt que je n'eusse osé m'en flater. Vous vous aimez; vous vous êtes aimés dès la première vue! J'accepte, ô ciel! un aussi favorable augure, qui justifie l'impatience que j'éprouve d'être au moment, où dans mon meilleur ami, j'embrasserai mon frère.

Je ferais de vains efforts, pour t'exprimer toute la satisfaction que m'ont donnée tes sentimens, la certitude de voir bientôt madame Des Tianges, & l'heureux succès des soins que je devais à mes pupilles. Quoique j'écrive à ma femme, & même à la *divine* Urſule, annonce leur mon retour le premier, s'il eſt poſſible ; car on reçoit les paquets une demi-heure plutôt dans ton quartier, que dans le nôtre : vole chez moi, dès que tu auras ouvert ma Lettre.

Je ne veux pas attendre à te parler de ton *Règlement*, que je ſois arrivé à Paris ; parce que je ſuis charmé de recevoir encore ici les réponſes que tu comptes ſans doute faire à mes objections.

J'ai lu, j'ai peſé, avec l'attention la plus ſcrupuleuſe, chacun de tes Articles ; & il n'en eſt preſque pas, où je n'aye rencontré des inconvéniens. Sans parler du Projet en lui-même, je paſſe aux diſpoſitions du Règlement. L'exécution du *premier Article* ſera-t-elle bien facile ? &

pourquoi le *Second* tolère-t-il les filles entretenues ? Le *Trois* demande une chose utile à l'Établissement, qui, par-là, sera plus distinct, plus séparé, plus sûr, & moins scandaleux; mais élever un édifice, exprès pour des filles perdues, commode, &c ! Je ne sais s'il est bien décent, que des Échevins, des Capitouls, &c. soient Administrateurs de ces maisons, comme le souhaite l'*Article quatre ?* Tes Gouvernantes seront-elles bien dignes de gouverner ? Pourquoi défendre, par le *Cinq*, l'entrée de la maison aux Administrateurs ? je crois pourtant en entrevoir la raison. Quel est le but du *Six* & du *Sept ?* le *Huit* m'étonne, & je ne vois pas sur quoi fondé, non plus que le *Neuf ?* Quant au *Dix*, voici mon sentiment: c'est à la vertu, & non au libertinage, qu'il faut donner toutes ces facilités. *Onze*,

de

de même. *Douze* & *treize* : je vois un inconvénient au second de ces Articles, c'est que le choix sera quelquefois bien long, & que souvent il se terminera par l'abus qu'on voulait éviter, la contrainte. *Quatorze*, *Quinze* & *Seize* : je ne dis rien des deux premiers ; le *seizième* choque un peu. Pourquoi ces filles si jeunes ? *Dix-sept*, pour quoi le cinquième & sixième Corridor sont-ils portés à un prix si haut ? *Dix-huit* : voila des filles qui ne seront pas publiques ? *Dix-neuf* : malgré ses clauses, cet Article pourrait occasionner des abus. Il se trouvera des insensés qui épouseront une fille publique, qui s'en repentiront bientôt, & qui seront malheureux. *Vingt* & *Vingt-un* : tout cela diminuera la dépense de la maison : mais que ces enfans deviennent légataires considérables, cela n'est pas légal. *Vingt-deux* & *Vingt-trois* : ces filles feront bien aprifes, bien parées, bien doucement menées! *Vingt-quatre* : ces Amans en titre, fur le compte de qui vous revenez fouvent, auront bien des priviléges! *Vingt-cinq* : bien ; mais le fera-t-on? *Vingt-fix* & *Vingt-fept* : bon le premier; mais ces pauvres Surannées, comme vous les chargez, monfieur le légiflateur! *Vingt-huit*: oh! oh! voila bien de la rigueur! *Vingt-neuf* : vous vous radouciffez fur le champ : je m'en doutais bien; vous étiez forti de votre caractère. *Trente*: vous avez fans doute vos raifons pour tout cela : mais je vous paffe cet Article; il y a de l'économie, &, fans être avare, je l'aime beaucoup. *Trente-un* & *Trente-deux*: paffe encore : mais vous contredites-là furieufement l'ufage. *Trente-trois* : ce que demande cet Article eft-il donc si nécessaire? justifiez-le moi. *Trente-quatre*, *Trente-cinq*, *Trente-six* & *Trente-sept* : une amende! elle serait assez bien méritée, & de pauvres plaideurs en ont quelquefois payé, qui n'étaient pas, à beaucoup près, si légitimes. Je n'ai rien à dire des autres Articles : ils sont nécessaires. *Trente-huit* : ah! voici de la politique. Mais les revenus de votre *Parthénion* suffiront-ils pour élever tant d'enfans? les marier? doter vos filles jolies? *Trente-neuf* : assez bien. *Quarante* & *Quarante-un* : je le répète, vos Demoiselles seront en vérité fort bien traitées! *Quarante-deux* : bien. *Quarante-trois* : voilà un excellent Article. *Quarante-quatre* : elles profiteront de ces jours de liberté pour aller aux Spectacles. Je pense, comme tu veux le faire entendre, mon cher, que les habitans de *Londres* feraient mieux d'aller à *Drury-lane* *, les jours du Seigneur, que de s'ennivrer de punch, & d'un mauvais vin très-cher dans leurs tavernes, où souvent de jeunes Anglaises laissent leur raison, & qui pis est, leur innocence. *Quarante-cinq*: Paris sera le chef-lieu, la résidence de la Générale de l'ordre.

Cet examen est court. Je l'aurais fait beaucoup plus long, si je disais tout ce que je pense : mais un plus long détail prendrait trop sur un tems dont je ne puis disposer; il apartient à mes pupilles. Envoie-moi plutôt une réponse aux objections que pourront faire naître chacun des Articles, qu'à celles que je t'ai faites, qui se réduisent presqu'à rien. A te parler vrai, je pense que si jamais l'on voulait règler le desordre, on ne pourrait faire que d'exécuter tes

* Théâtre de Londres.

idées. Ce ferait diminuer le mal, & par-là même, opérer un bien.

Hoc fuftinete, majus ne veniat malum *.   *Phæd. fab. 2.

D'Alzan ! ah plus tôt, pourquoi les hommes ne font-ils pas tous raifonnables? Ils chercheraient une compagne honnête ; ils trouveraient la félicité, en s'en fefant aimer, en l'aimant à leur tour. Quel trifte bonheur l'on goûte entre les bras d'une inconnue, dont il n'eft pas fûr que dans le moment même, on ne foit haï, détefté !... Mais, comme dit un Poète :

Nitimur in vetitum, femper cupimufque negata ;
  Sic interdictis imminet æger aquis *.   *Ovid. III. Amor. El. 4. w. 17-18.

Je fais bien, qu'il n'eft pas poffible à tout le monde de former des nœuds... C'eft le malheur des tems, la honte de l'Adminiftration publique.... Mon ami, je suis heureux; tu vas l'être, ou plutôt, tu l'es déja, les deux sœurs feront la félicité des deux amis : bénissons-en l'Etre suprême, & méritons la durée de nos innocens plaisirs, par une vie pure, & sur-tout par la bienfesance envers nos semblables : c'est-là, n'en doute pas, l'action de grâces la plus agréable au Père des humains. Non, d'Alzan, il n'est pas difficile d'être homme de bien dans l'aisance. Quelle horrible ingratitude, si nous violions les loix de la société, nous qui sommes ses favoris ! Nous remplissons un devoir, nous travaillons pour nous-mêmes, lorsque nous sommes l'apui du malheureux, le modèle & la consolation des autres hommes : les secours que nous leur procurons nous les attachent ; l'exemple de nos vertus, est le rempart de notre sûreté. Que

deviendrions-nous, si des gens qui n'ont rien à perdre, aprenaient de ceux dont ils envient le sort, à braver les Loix divines & humaines!.....
Je te salue, mon aimable frère : dis de ma part à ton Ursule, qu'après sa sœur & toi, je mérite d'être ce qu'elle aimera le mieux.

DES TIANGES.

Huitième Lettre.

De D'Alzan,
à Des Tianges.

Paris, 6 juin 176......

Replique.

Bon Des Tianges ! je n'avais pas cru pouvoir t'aimer davantage : tu me nommes ton frère, mon respectable ami, & tu me parles avec une cordialité digne de cette qualité que tu me donnes. Ton amitié ne ressemble pas à ces anciennes liaisons, auxquelles je le prostituais ce nom sacré; elle est chez toi, un attachement sincère, aussi tendre que durable, qui me pénètre de reconnaissance, & me convainc de plus-en-plus, qu'il n'est de bonheur que dans la vertu:

cette vertu qui te fefait m'aimer, me donner tes fages avis, fuporter mes réparties quelquefois impertinentes, & me deftiner la fœur de l'adorable Adelaïde, lorfque j'en étais fi peu digne!...

Dès qu'on m'a eu remis ta Lettre, j'ai volé chez madame Des Tianges: je la lui préfente; elle lit deux mots, & fait un cri de joie: —Je vais donc le revoir, répétait-elle toute tranfportée! dans quelques jours nous ferons réunis! Oh! nous ne nous quitterons plus; je me le promets—. Elle a fait affembler toute ta maifon, ton vieux Laquais, la bonne Jeanneton, tes Commis, & jufqu'au petit Noir: —Monfieur Des Tianges eft fur le point de revenir, mes chers enfans, leur a-t-elle dit; il ne reftera pas encore quinze jours à Poitiers; vous allez revoir votre meilleur ami—. Je n'ai pas compris ce qu'ils ont répondu; tous parlaient à la fois; ils ont fait un bruit à rendre les gens sourds: mais la joie brillait sur leurs visages: ton vieux laquais, les larmes aux yeux, a couru à ton apartement, pour mettre tout en état de te recevoir; & dame Jeanneton, rajeunie de vingt ans, a contraint tout le monde à danser avec elle.

Le paquet pour ton épouse & pour Ursule est arrivé dans ce moment. Il s'est fait un profond silence; madame Des Tianges a eu la bonté de lire tout haut une partie de ta Lettre: toute ta maison a témoigné une sensibilité extrême au souvenir dont tu l'honores. Nous nous sommes disposés sur le champ, Adelaïde & moi, à porter à l'aimable Ursule ta délicieuse épître.... Comme tu sais écrire des douceurs! En vérité, sans le bien que tu dis de moi à ma maîtresse, je ferais jaloux, mais tout-de-bon très-jaloux. Après avoir lu, relu, les deux fœurs fe font entretenues en particulier quelques inftans : je ne fais pas encore ce qu'elles fe font dit : Urfule rougiffait; madame Des Tianges la careffait; je les regardais, & je me trouvais heureux.

On eft toujours avec moi fur la réferve, mon bon ami : le foir de cet heureux jour où je pénétrai le fecret d'Urfule, ce fecret d'un tendre cœur, qu'il eft fi doux de furprendre, nous foupames chez le riche & bruyant B**.... Une chofe qui va te révolter, autant qu'elle m'étonna, c'eft que dans une affemblée honnête & fort bien choifie, il n'avait pas cru que l'impudente D*** fût déplacée.... Tu fais comme B** eft magnifique : afin de rendre le régal complet, il avait tout difposé pour qu'un bal fuperbe terminât les fêtes qu'il donne depuis huit jours: mais ce bal était un myftère; notre confrère affaifonne les plaifirs qu'il procure, par celui de la furprife. Il avait eu foin qu'il fe trouvât des dominos pour les Dames : elles en parurent enchantées : toutes prirent différens déguifemens. Elles firent mille folies ; elles nous agaçaient, nous lutinaient ; jouaient le fentiment, la naïveté; & s'échapaient, dès qu'elles lifaient dans les yeux de leur dupe, qu'il était tenté de prendre au férieux un léger badinage. La D*** me tourmenta beaucoup : je fis ce que je pus pour l'éviter; car elle ne me donna pas la peine de la deviner. J'étais d'autant plus inquiet, que j'avais perdu de vue mes deux aimables compagnes. Madame Des Tianges,

& sa sœur, pour ne se pas faire remarquer, s'étaient masquées comme les autres. Elles eurent la malice de ne pas se découvrir : je les cherchais avec inquiétude : elles jouissaient de mon embarras, & voulaient aparemment voir quel parti j'allais prendre: mais lorsqu'à mon agitation, elles jugèrent que la dame masquée qui s'obstinait à me suivre, m'impatientait, que l'ennui me gagnait, & que je paraissais tout de glace pour ces plaisirs autrefois si fort de mon goût, Adelaïde m'aborda. Elle s'efforçait de changer le son de sa voix, mais je la reconnus sur le champ ; ma joie lui parut si naturelle & si vive, qu'elle en fut touchée : elle me conduisit auprès de sa sœur. Je dansai avec ma chère Ursule : ah ! mon ami ! qu'elle déploya de grâces ! si je ne l'eusse adorée auparavant, dans ce moment elle aurait fait la conquête de mon cœur. Nous nous retirames enſuite à l'écart, & nous cauſions, lorſque cette maudite D*** eſt venue ſe mêler avec nous. Elle a eu l'audace de me tenir mille propos, qui n'étaient clairs que pour moi, mais qui n'ont pas laiſſé de me cauſer bien de l'inquiétude. Heureuſement quelqu'un eſt venu la prendre pour danſer, & ce quelqu'un là (qui n'était autre que B**) ne l'ayant plus abandonnée, nous avons été tranquilles juſqu'à cinq heures, que l'on s'eſt ſéparé. Notre entretien a eu mille charmes pour ton ami : nous parlions de toi ; je peignais ma tendreſſe ; on paraiſſait m'écouter avec plaiſir : Adelaïde, de tems-en-tems, preſſait la main de ſa ſœur : il fut un inſtant, où je crus voir les beaux yeux d'Urſule mouillés de quelques larmes ; le mouvement de sa gorge était plus vif.... Aussi dans ce moment mes expressions étaient si tendres, je sentais si bien tout ce que je disais, que je n'avais pu m'empêcher de laisser échaper.... tu sais comme je raillais un jour, ce pauvre amant qui pleura devant nous : eh bien , mon ami, je l'imitais : mais c'était en moi l'effet d'une émotion délicieuse, & comme l'émanation du sentiment : Adelaïde souriait ; j'entendais les soupirs contraints d'Ursule. Quelle nuit charmante ! elle ne dura guères ; les heures étaient des minutes, & j'eus la satisfaction de remarquer, que madame Des Tianges & son aimable sœur ne les trouvaient pas plus longues qu'elles me le paraissaient. Adelaïde, à notre retour, m'assura que sans moi, elle n'aurait pas été chez B** en ton absence : elle m'a parlé de ces assemblées tumultueuses sur un ton à me persuader, qu'elles ne sont rien moins que ce qui l'amuse.

Je vois Ursule trois fois la semaine ; & mon respect ainsi que mon amour ne cessent de croître. Que d'égaremens j'aurais évité si mon bonheur m'eût plus tôt aproché de madame Des Tianges ! Par exemple, je n'aurais pas à présent sur les bras, cette malheureuse intrigue avec la D***. Je n'avais pas revu cette femme depuis le jour où pour la première fois Adelaïde me conduisit au couvent de sa sœur. B*** m'aprend ce matin qu'elle est furieuse : je m'en embarrasserais assez peu ; l'on ne doit pas de ménagemens à ces femmes indécentes, qui se jettent à la tête des hommes, & qui les quittent avec la même impudence : mais, si madame Des Tianges, si mon Ursule fule venaient à favoir cette avanture.... Je voudrais bien parer ce coup, Car je connais la D***; fi elle parvient à découvrir que je paſſe chez toi les heures que je lui donnais, elle fera les plus fots contes, elle tiendra les plus impertinens difcours... & comme elle ne peut tarder à favoir la vérité, d'après ce qu'elle a vu au bal, elle eſt femme à fe deshonorer, pour me perdre auprès d'Adelaïde & d'Urfule. Une Proftituée, une Danfeufe de l'Opéra, font moins dangereufes que ces fortes de femmes.... Mon Dieu! fi mon adorable maîtreſſe allait croire que j'ai vu la D***, depuis que je lui ai juré une tendreſſe fans partage & fans bornes! Mon cher Des Tianges, cette idée me fait frémir; elle me fait fentir tout le prix d'une conduite innocente.... Ne pourrais-tu leur en toucher quelque chose.... Mais, non, non; attendons encore : peut-être n'arrivera-t-il rien de ce que je redoute; & je crains que nous ne fassions indiscrettement une confidence fort desagréable.

Nous soupons ce soir chez mon oncle, & madame Des Tianges doit amener Ursule.

J'ai lu tes objections, mon ami; & comme tu veux que je réponde, je le ferai volontiers. Tu me diras si mes repliques sont satisfesantes. D'ailleurs, je crois nécessaire de rendre compte des motifs de chacun des Articles du Règlement : ce sera le moyen de prévenir les objections que d'autres ne manqueraient pas de faire, si ce Projet sortait de tes mains, & d'expliquer quelques-uns de ses Articles qui pourraient surprendre ou révolter.

§ IV.

Réponses aux Objections, que pourraient faire naître chacun des Articles du Règlement.

ARTICLE 1. Il suffirait, en com- *Maisons.* mençant, de prendre des maisons particulières auxquelles il y aurait peu de dépenses à faire : il ne s'y trouverait pas d'abord toutes les commodités, mais on attendrait, pour les donner, que l'Établissement eût des fonds : durant cet intervalle, les filles publiques ramassées de tous côtés, passeraient entièrement ; on aurait l'avantage de faire commencer la nouvelle maison par les sujets reçus comme il est prescrit par l'Article 6 du Règlement : ces filles n'auraient, par ce moyen, aucun commerce avec les malheureuses, incorrigibles & corrompues, qui ont croupi si long-tems dans la fange (*). Les *Parthé-*

―――――――――――――――――――

(*) J'imagine qu'à *Paris*, l'intérieur habitable pour les particuliers de la *Nouvelle-Halle*, pourrait d'abord y être employé, sans que cela gênât le moins du monde dans l'usage auquel cet édifice est consacré pour l'utilité publique: on mettrait doubles portes à toutes les rues qui y aboutissent; durant le jour tout serait ouvert, mais l'on fixerait l'heure du soir à laquelle ces portes seraient fermées, & gardées en dedans par une *Gouvernante* : à la première entrée, il y aurait un guichet, par lequel on introduirait les hommes à la grille de la loge du *Bureau*, situé entre les deux barrières; on leur délivrerait là le billet, & pour tout le reste, l'on suivrait, autant qu'il serait possible, les dispositions du *Règlement*. Il serait nécessaire qu'il y eût un Corps-de-garde à portée; celui proche l'Oratoire y pourrait être transféré. Ce serait, en attendant mieux, un moyen facile de commencer la réforme, en empêchant les Prostituées d'infecter tous les

nions, outre les avantages déja connus, auraient encore à peu de chose près, l'effet des *Conservatoires* d'Italie, qui sont des maisons où l'on reçoit les femmes & les filles que la misère pourrait entraîner dans la débauche : *voyez* la dernière disposition de l'*Article 16*.

Une amende de *cinq cens livres*, ou même plus forte, suivant les facultés des délinquans, qu'encourraient ceux qui, au mépris de la loi, logeraient des filles publiques reconnues, est le moyen le plus efficace qu'on puisse employer ; surtout, si l'on accorde au délateur la recompense prescrite, & le secret lorsqu'il l'aura demandé. *Filles publiques actuelles.*

---

quartiers de la Capitale. [On pourrait de même à Londres, choisir une de ces vastes Cours qui sont en grand nombre aux environs de *Covent Garden* ou de *Leicester-field*].

Entretenues.   *Article 2.* Je ne crois pas que l'on puisse tout-d'un-coup prohiber les filles entretenues comme les filles publiques : il faut mettre cette chose au rang de celles que la bonne administration du *Parthénion* amènera ; mais dont une exécution active & trop prompte doit être regardée comme odieuse & peu praticable ; vu que ce serait soumettre à une inquisition injuste & dure, nombre d'honnêtes femmes & filles, qui trouveraient par-là difficilement à se loger. L'on voit que le sistème présent, y remédie indirectement par les Articles 18, 24, & 29.

Nouvelles Maisons.   *Article 3.* Dès qu'on veut réformer, il faut employer tous les moyens pour que la réforme soit constante & facile à maintenir : la honte est dans le vice, & non dans les précautions que l'on prend contre lui.

Article 4. Cette idée n'est pas nouvelle : c'est ce qui se pratiquait autrefois dans les principales villes du Royaume. Revoyez à ce sujet la première note (L).

Administrateurs.

Quant aux Gouvernantes, il est clair, qu'eu égard aux fonctions de leurs places, cet emploi ne peut être rempli que par celles que je désigne.

Gouvernantes.

Article 5. L'exercice de la charge d'Administrateur, se fera avec ordre & décence : on ne saurait choisir des citoyens trop honnêtes-gens, pour gouverner les *Parthénions*, administrer leurs revenus, inspirer aux libertins une crainte respectueuse, fondée sur la conduite sage, exempte de tout reproche des Membres du Conseil d'Administration. La dispo-

Exercice. Recette des deniers. Réserve des Administrateurs. Leurs priviléges.

sition de cet Article, qui leur défend l'entrée de la maison, appuie les Articles *18, 24, 28, 29*, & ces mêmes Articles en font sentir la sagesse : ces hommes grâves, ne doivent seulement pas être soupçonnés d'aimer une fille du *Parthénion*. La dernière disposition ne demande pour les Administrateurs, que le même privilége dont jouissent des compagnies aussi peu utiles que les *Arquebuses* &c.

Sujets à recevoir. Secret.
Article 6. Ce que prescrit le commencement de cet Article a deux motifs, tous deux très-puissans; le premier, d'ouvrir un azile sûr aux filles, qui les éloigne de la tentation de contrevenir au premier Article; le second de ne point divulguer le secret des familles. La dernière disposition, qui regarde l'âge, est essencielle à l'Établissement proposé.

Il pourrait néanmoins y avoir des exceptions pour la beauté & les talens.

Article 7. La difposition de celui-ci pourra révolter au premier coup-d'œil ; cependant il eft néceffaire qu'elle foit exactement fuivie ; autant pour ôter aux parens tout efpoir d'une vengeance inutile , & par-là leur faire éviter des éclats dont eux-mêmes feraient les premiers à fe repentir, que pour affurer la tranquillité des Sujets du *Parthénion*. (Ces parens feront ainfi privés de leur droit naturel fur leurs filles, pour les punir de n'avoir pas fuffifamment foigné leur éducation). *Azile du Parthénion.*

Article 8. Il eft abfolument néceffaire d'ufer de beaucoup d'indulgence, dans un Établiffement tel que celui-ci : la rigueur le rendrait im- *Fautes.*

praticable; on en sent la raison. *Prendre le moindre mal pour un bien*, est sa devise : ce Projet, en lui-même, n'est pas un bien, il n'est que l'extrême diminutif d'un mal incomparablement plus grand encore qu'il ne le paraît, & qu'on ne saurait l'imaginer.

Crimes. *Article 9.* Le même motif a guidé, dans celui-ci : si l'on voyait au gibet une fille du *Parthénion*, quel effet cela ne produirait-il pas, contre le but proposé, qui est d'y attirer toutes celles qu'un malheureux panchant entraîne à la Prostitution, & de leur faire envisager dans ces maisons, un sort plus avantageux & plus doux, qu'elles ne pourraient se le procurer à elles-mêmes, ou chez ces infames *mamans*, que le Gouvernement est forcé de tolérer, malgré leurs crimes? Qu'on ne me dife pas que je propofe une amorce pour le vice : j'en apelle à toutes les perfonnes raifonnables ; l'Établiffement que j'indique ne tentera jamais une honnête fille : elle fera toujours fuffifamment arrêtée par la note d'infamie imprimée par nos mœurs & par la nature au dernier des états : & pour les autres, il vaut mieux qu'elles viennent au *Parthénion*, que d'aller ailleurs.

Article 10. Je me répète ; il faut attirer les hommes à notre Établiffement ; non pour leur infpirer l'amour de la débauche, mais pour les détourner de chercher des filles, avec lefquelles ils s'expoferaient davantage. Combien n'en eft-il pas aujourd'hui, qui, après avoir perdu leur fanté, communiquent une honteufe

Situation des Parthénions.

Bureaux.

Entrée des filles.

maladie à leur vertueuse épouse, & donnent à l'État des sujets destinés à en devenir l'inutile fardeau ! J'ai lieu de croire, que, par l'ordre prescrit dans cet Article & les suivans, tout s'exécutera sans confusion, & sur-tout que le scandale ne sera point affiché.

Manière de se présenter aux Bureaux.

Article 11. Cet Article tend au but déja exprimé, de rendre l'Établissement d'un accès si facile, qu'on n'aille point chercher ailleurs.

Choix de l'homme.

Article 12. On choisira dans une multitude de filles jolies : la fille, à son tour, doit ne sentir aucune répugnance pour celui qui la demande : on sent combien une telle méthode ôte à la Prostitution, de ce qu'elle a de plus révoltant, de brutal, de féroce.

Choix de la fille.

Article 13. Il n'y a rien ici que de juste : ramenons à la nature, autant qu'il est possible, un état qui descend si fort audessous : le choix de l'homme a été libre ; que celui de la fille le soit aussi. Si le Projet ne cherchait qu'à procurer le physique de l'amour, ces précautions seraient parfaitement inutiles : loin de moi la pensée d'avoir voulu rabaisser l'homme jusques-là : la distinction du physique & du moral, n'exista jamais dans l'homme qui pense : pour lui, aimer, c'est jouir ; & jouir, c'est aimer. Il ne faut pas s'imaginer que le moyen proposé pour obvier à un refus général, entraîne des difficultés bien grandes : au reste, ces cas seront rares, & l'on pourrait, avec certaines figures, employer tout-d'un-coup le moyen proposé. Cet Article venant à l'apui du 7, dont il rend l'exécution facile, une fille qui aurait reconnu un de ses parens, ou des amis de sa famille,

Comment parer aux refus.

le dira en secret à la Gouvernante, afin qu'elle ne lui demande point de nombre.

Corps-de-garde.
Entrer sans armes.

Articles 14 & 15. Ces deux Articles ont pour objet de maintenir l'ordre & la tranquillité, pour lesquels on ne saurait trop prendre de précautions. Ils sont une suite des *Articles 10 & 11.*

Billets.

Article 16. Les détails de cet Article sont nécessaires, pour que tout le monde soit sûr de trouver au *Parthénion* ce qu'il souhaite. Je soutiens même qu'on ne devrait point en exclure, les hommes d'un *certain état*, pourvu qu'ils évitassent le scandale. Combien parmi ceux qui se sont imprudemment engagés à une perfection chimérique, ne s'en est-il pas vu, qui, entraînés par une passion furieuse, ont abusé de la confiance, & du secret qu'exigent certaines pratiques, dont je ne prétens pas attaquer l'utilité, pour porter la honte & le desespoir dans le cœur d'infortunés parens (N)! Ce qui termine cet Article présente un autre bien, qui résultera de l'Établissement: c'est qu'il préservera du desordre un nombre de jeunes personnes, & les rendra à la société.

(N)

Article 17. Il est certain que des filles qui vivront avec régularité, & seront toujours propres, attireront plutôt l'espèce d'hommes pour qui je destine les *Surannées*, que ces malheureuses, sales, ivrognesses, corrompues avec lesquelles ils s'arrêtent. Les taxes du premier, du second, & du troisième Corridor, sont les prix les plus ordinaires qu'exigent des filles bien audessous de celles que

Tarif.
Coffret pour la Recette.

fournira l'Établissement proposé (*). Le *quatrième* n'est pas fixé trop haut pour des gens aisés qui aiment le plaisir, & qui souvent perdent leur santé, en payant plus cher. Il sera nécessaire de mettre assez haut le *cinquième*, pour en écarter la foule : Quant au *sixième*, il serait plus prudent encore, de le taxer à *dix louis* qu'à *quatre*. Le reste de cet Article prescrit les précautions que l'on doit prendre pour qu'on ne puisse rien détourner des sommes qui seront mises dans les Coffrets des Bureaux où l'on délivrera les Billets, & montre la sagesse de la disposition de l'*Article* 5, qui ordonne la peine capitale contre le Commis qui laisserait voir les feuilles de Recette. Le but des

---

(*) *Voyez* l'État actuel *de la Prostitution*, note (A), *vers la fin.*

précautions que l'on prend dans la manière de placer l'argent dans la première boîte, est pour prévenir toutes les difficultés qui pourraient s'élever entre les hommes & les Gouvernantes; car dans le cas où les premiers voudraient tromper, la Gouvernante aura toujours devant les yeux la mise, qu'elle ne fera tomber qu'après le Billet livré, & l'homme forti; si elle la fesait glisser auparavant dans le Coffre, elle serait censée avoir tort, & répondrait de la mise.

Article 18. Ceci paraîtra peut-être contraire au but de l'Établissement, & je conviens qu'on aurait raison de le penser, s'il n'était pas plus que probable que la maison aura toujours suffisamment de Sujets. On pourrait même regarder ce que je propose dans cet Article, comme un

Amans en titre.

Logement des Entretenues.

Entrée des Amans en titre.

Choix d'une Maîtresse.

[210]

Défaut de paiement. Absence.

moyen d'empêcher la ruine des familles : combien d'hommes sont pillés par des fyrènes qui se font un honneur & un jeu de les tromper, en les dépouillant ? Ici, cet inconvénient n'aura pas lieu : un amant, outre qu'il sera sûr de la fidélité de sa maîtresse, pourra s'en tenir à la seule dépense qu'exige la maison : cette dépense va toujours en diminuant, puisqu'il ne payera que 42 livres par semaine, lorsque sa maîtresse aura passé *seize ans*; 33 liv. 12 s. lorsqu'elle en aura *dix-huit*; 25 liv. 4 sous, lorsqu'elle aura accompli *vingt ans*; 16 livres 16 sous, lorsque les filles en auront *vingt-cinq*; 14 liv. lorsqu'elles auront passé *trente ans*; taxe au-dessous de laquelle on ne descendra pas, tant qu'elles conserveront leurs amans. C'est aussi pour favoriser les amans en titre, qu'on a réduit à *douze livres* par jour, la taxe des filles du *sixième*, & à *six livres*, celles du *cinquième*, cette manière étant la plus honnête, & devant être encouragée. Ce qui regarde les enfans tend autant à la satisfaction des pères, qu'à la décharge de la maison. Les clauses des dispositions suivantes ont pour but de prévenir les desordres qui résulteraient de la liberté qu'auraient les hommes d'aller chez une fille *entretenue* par un autre, & d'assurer l'exécution de l'Article 28.

Article 19. Il ne faut pas que l'Établissement proposé favorise des unions deshonorantes : comme d'un autre côté, il serait injuste de priver de la liberté du choix ceux qui sont maître d'eux-mêmes. Je crois cependant, qu'il serait absolument nécessaire, de déclarer nul de *plein-droit*, tout ma-

Mariages prohibés, ou permis.

riage contracté par un homme diftingué par fa naiffance ou par fa place, avec une fille du *Parthénion*, s'il était parvenu, en donnant de faux noms, à obtenir l'aveu du Confeil de l'Adminiftration; & cela, quand même la fille n'aurait jamais vu que lui. Cet Article montre clairement la néceffité de ne confier l'Adminiftration des *Parthénions*, qu'aux plus honnêtes citoyens; c'eft-à-dire, à des gens qui joignent à de bonnes mœurs des lumières fuffifantes, pour juger dans ces cas importans.

Groffeffe des filles non entretenues.

Article 20. La raifon, plus que la nature, prefcrit cette conduite: on donnera les enfans aux pères; parce qu'en exécutant mon projet, les pères feront toutes les dépenfes, & devront jouir de tous les avantages.

Article 21. Il n'y a aucun incon- *Filles enceintes*
vénient à accorder ces prérogatives *entretenues.*
aux pères, amans en titre. Mais cet
Article a d'autres dispositions qui
ne paraîtront pas claires : on me demandera par exemple, ce que j'ai
voulu dire, par ces pères, qui ne
pouvant contracter mariage, laissent
la moitié de leur bien ? Je répons
seulement, que les abus qui régnent
font infiniment plus dangereux, que
celui que j'occasionnerais, qui, en
lui-même, n'a rien qui choque la
nature, ou même la raison & les anciennes Loix (*). Bien entendu que

---

(*) Le Concile de Trente agita si l'on permettrait aux Prêtres de se marier. On se décida pour la négative, par des raisons qui
parurent bonnes apparemment ; car ceci
n'étant qu'un point de discipline, le sacré
Synode le décida par des motifs humains, à

ces pères éviteront le scandale, qui doit toujours être puni dans un État bien réglé.

Salles communes. Noms des filles. *Article* 22 & 23. Ces deux Articles déterminent l'emploi de toutes les heures du jour. Un Établissement

---

l'aide des seules lumières naturelles. Conséquemment, il a pu se tromper : c'est le sentiment de tous les Théologiens. J'ai lu quelque part, qu'Érasme, le fameux Érasme, parlant des Ecclésiastiques & des Moines de son tems qui s'étaient mariés, au-lieu de traiter avec décence un point de Morale si important, s'était amusé à plaisanter comme un écolier. *At ista omnis tragœdia*, dit-il, *exit in catastrophen comicam. Ubi contigit uxor, occinitur: Valete & plaudite.*

Un homme, dont personne ne contestera la vertu, les bonnes mœurs & les lumières, l'Abbé de Saint-Pierre, fortement touché des obligations de la Nature, avait consacré un des jours de la semaine à la propagation. *Dict. de l'Encyclop. mot* Population.

sans règle, tombe dans une espèce *Exercices* d'anarchie, qui détruit l'utilité qu'on *& repas.* se propose d'en tirer. On enseignera *Nuits.* aux filles tout ce qui peut contri- *Encouragemens.* buer à les rendre plus aimables : qu'on ne s'en scandalise pas, j'en fais connaître le motif, *Article 8* de ce §.

Article 24. Ceci tend encore à *Priviléges* soulager la maison, & à donner aux *des Amans* hommes une liberté, qui leur fasse *en titre.* préférer de venir à l'Établissement, à toute autre manière d'avoir une maîtresse. [Il est bon d'observer que la liberté dont jouiront les filles entretenues par un amant en titre, les présens qu'elles pourront recevoir, leur feront desirer de l'être, & que ces raisons les empêcheront de refuser un homme, qui d'ailleurs ne serait pas de leur goût].

Article 25. De la liberté. C'est *Emploi*

du temps à la salle commune.

bien assez de ne pouvoir sortir de la maison, sans qu'on apesantisse encore leurs chaînes dans l'intérieur. Et pour les obliger, d'une manière efficace, à jouir des amusemens permis qu'on leur procurera, on suprimera tout ce qui pourrait en détourner leur attention : on ne commandera pas de lire, de travailler, mais on mettra dans l'alternative de le faire, ou de s'ennuyer.

Combien une fille peut être demandée.
Combien une Surannée.

Articles 26 & 27. Plusieurs raisons ont déterminé à proposer le 26ᵉ *Article* : les filles qui en font l'objet, sont sur le retour, & il est à présumer qu'elles ne donneront pas dans l'excès : elles sont en petit nombre, proportion gardée avec les hommes qui ne peuvent prétendre qu'à elles; ces hommes d'ailleurs ont moins de fantaisies, sont plus tôt satisfaits que ceux d'une condition plus relevée: les *Surannées* feraient trop à la charge de la maison, s'il en était autrement: mais cette raison ne vaudrait rien, si la première n'existait pas. Celles qui auront paru dans le jour une ou deux fois, pourront demander à quitter pour le reste du tems la salle commune. On les veillera de près, & la Grande-Gouvernante donnera la plus scrupuleuse attention à la santé de ces filles.

Article 28. La sévérité de cet Article portera une sorte de chasteté au sein même de la Prostitution. L'impudicité est l'abus de l'acte de la génération : & rien n'est plus contraire à la propagation de l'espèce. Voila pourquoi les anciens Moralistes recommandèrent la pureté. Les hommes les plus vertueux ont été *Infidélités.*

chastes : reste à savoir si la continence absolue n'est pas criminelle ? On pourrait répondre, que l'exemple en est peu dangereux, & que l'effet qu'il produit sur les autres est toujours excellent : l'entière abstinence des femmes n'est préjudiciable, ou, si l'on veut *coupable*, que dans l'individu qui s'en est fait une loi; au-lieu que l'incontinence publiquement affichée par les hommes & par les femmes, aurait des effets épouvantables, se répandrait sur tout, même sur le goût, & ferait de l'amour une cause sans effet : or l'effet de l'amour, est la production de l'homme.

Table, & autres arrangemens. Soins, Lits & Linge.

Article 29. Tout cela serait nécessaire, & devrait être exécuté à la lettre : le Conseil de l'Administration ne pourra s'en écarter.

Dépense

Article 30. La somme étant fixée,

pour l'habillement, durant toute l'an- *des Habits.*
née, par l'État de *Recette*, & de
Dépense (*), il est naturel qu'il soit
libre à chaque fille de choisir l'étofe,
& la façon de l'employer, qui la pare
le plus avantageusement. Les filles
destinées au mariage, ou à l'état de
leurs mères, & les Ouvrières élevées
à la maison, dont il est parlé *Article 38*, pourraient être habillées des
hardes que quitteront les Sujets du
Parthénion ; ces habits étant encore
très-propres, eu égard au soin que
les Gouvernantes obligeront les filles
d'en avoir.

Article 31. Les bains ne sont pas, *Bains.*
depuis que l'usage du linge s'est étendu, aussi fréquens parmi nous qu'ils
devraient l'être : il est certain qu'un
bain tiède favorise la *transsudation*

(*) *Voyez* cet État, *lettre XI*, § *V.*

d'une infinité d'impuretés, qui causent des dépôts fâcheux, & des maladies souvent mortelles, sur-tout aux personnes sédentaires : un autre avantage du bain pour les femmes, c'est d'éclaircir le tein de celles qui sont trop brunes (*).

―――――

(*) « La crasse de la peau, retenue dans
» ses pores, ou sur sa superficie, est capable
» de produire plusieurs maladies, comme
» clous, phlegmons, &c. la gale & les dar-
» tres sont sur-tout engendrées par cette
» crasse : on doit obvier à ces maladies, en
» nétoyant exactement la peau par les bains,
» les frictions & les autres moyens propres
» à enlever la crasse de la circonférence du
» corps. Les habitans des pays chauds, qui
» sont plus sujets à la crasse de la peau, à cau-
» se de la chaleur du climat qu'ils habitent,
» se baignent aussi fort souvent, pour se ga-
» rantir de ces maladies, méthode qu'ils ont
» retenue des anciens ». *Encyclop.*

Article 32. Les cosmétiques, en Fard. général, font plus mal que bien, surtout aux jolies personnes : ils rident le visage, mangent les couleurs naturelles & hâtent l'air de décrépitude. [L'Article précédent conseille une chose presque hors d'usage ; celui-ci défend ce qui se fait : c'est que l'omission du bain est déraisonnable, & l'usage du fard pernicieux : rétablissons les pratiques utiles, & suprimons les mauvaises.]

Article 33. Une troupe de mal- Surannées. heureuses, logées à l'extrémité des fauxbourgs, viennent chaque soir au centre de la ville, communiquer leur corruption à ces hommes utiles & robustes, que leur peu de fortune, a rendu les serviteurs de l'humanité : espèce d'hommes, je ne puis m'empêcher de le dire, d'une toute autre valeur, pour la société en général, que l'Auteur le plus éclairé (1), que le Bourgeois fainéant, le Marchand cauteleux, l'impertinent Commis, & l'inutile Valet : ce sont eux qui bâtissent nos maisons, cultivent nos jardins, portent nos fardeaux, &c. doit-on les abandonner inhumainement au péril où les expose une passion qui triomphe des plus sages ? L'abus qui règne aujourd'hui est plus grand sans doute que celui que *Columelle* reprend, lorsqu'il dit, *que ce serait causer un grand mal, de donner aux Ouvriers qui s'occupent des travaux les plus nécessaires, les moyens & la facilité de voir des filles de joie* (2).

––––––––––––––––––

(1) ″ Le nécessaire est au-dessus de l'utile :
″ il marche d'un pas égal avec le juste,
″ l'honnête & le saint ″.

(2) *Quippe plurimùm affert mali, si Ope-*

Cette maxime pleine de sagesse & de raison, ne sera point éludée : le Règlement y a pourvu. L'homme de peine ne sera exposé ni dans sa santé, ni à la perte de son tems, ni à la débauche : je le répète souvent : ce n'est pas le libertinage que je veux favoriser : je me mépriserais d'en avoir eu la pensée; ce sont les suites d'un abus devenu nécessaire, que je veux prévenir ; c'est le mal que je cherche à diminuer ; une maladie cruelle que je cherche à extirper.

MALADIES VÉNÉRIENNES.

Article 34. C'est ici le principal but de l'Établissement : on ne permettra pas qu'un homme choisisse une fille, qu'on ne se soit assuré qu'il est sain.

Visiteuses.

―――――――――――

rario meretricandi *potestas fiat.* Columell. Lib. II, cap. 1.

Grande-Gouvernante, ou Supérieure.

Article 35. Il est naturel que le premier des devoirs de la Grande-Gouvernante, soit de veiller à l'observation exacte de l'Article précédent, & à l'exécution des deux qui suivent.

Amende.

Article 36. On croit ne devoir aucun ménagement aux misérables, qui se sentant atteints de la peste vénérienne, sont assez injustes pour vouloir la communiquer à d'autres, & assez ennemis d'eux-mêmes pour aggraver leur mal, au lieu de chercher à se procurer la guérison.

Traitement des Filles.

Article 37. Le soin qu'on prendra des filles malades, est une suite nécessaire de l'Établissement, & l'objet le plus digne des soins de la Grande-Gouvernante, & de celles qui lui sont subordonnées : l'Administration se fera rendre un compte exact des traitemens,

temens, & elle remédiera promptement aux abus, & surtout aux négligences qui s'y introduiraient. C'est en ceci qu'il faudra éviter la routine & l'inattention. Au reste, tous les Articles sont tellement liés, que l'inobservation d'un seul, amènerait bientôt le violement de tous les autres.

SORT DES ENFANS NÉS DANS LA MAISON.

Article 38. Les hommes sont la richesse de l'État; c'est en les multipliant, qu'un Prince augmente sa puissance. Quel bonheur, pour les campagnes, dans lesquelles la Milice

GARSONS*.

---

* *Garse*, autrefois honnête, à présent injurieux, & *Garson*, dérivent de *Gars* (jeune-homme) : ce qui prouve qu'on doit écrire *Garson* (au lieu de *Garçon*) comme on a fait dans cet ouvrage.

porte chaque année un nouvel effroi, de s'en voir délivrées par notre Établissement (*)! L'avantage qui en résulterait pour l'État serait immense: ce seraient plusieurs milliers d'hommes qui resteraient à la culture des terres : car la plupart de ceux qui l'ont une fois quittée, n'y retournent plus, après leur tems expiré; ils deviennent fainéans, vagabonds; ou tout au moins fort débauchés; d'autres, qui, sans la Milice, *tiendraient* la charrue, ou *feraient* la vigne, s'habituent dans les villes, dont la mollesse les énerve ; & ce

---

(*) L'usage introduit depuis quelques années, de donner des *Enfans-trouvés* aux Laboureurs, pour les former au travail, & *tirer* au sort de la Milice en place des enfans de la maison, est un acheminement à ce que l'on propose ici.

font encore des hommes prefque perdus pour l'Etat.

Il faut convenir que les Sujets que fourniraient les *Parthénions* du Royaume, ne fuffiraient pas feuls pour remplir ce but : mais ce n'eft ici qu'une indication de moyens, & non une loi : qu'on y joigne les garfons en état des Enfans-trouvés, qui dépériffent à la *Pitié* & ailleurs, ceux des hôpitaux des provinces du Royaume, qui paffent leur jeuneffe à carder la laine, je crois qu'alors on en trouvera fuffifamment pour opérer le bien propofé. J'avance que ces garfons feront d'excellens Soldats, parce que dès l'enfance, ils font élevés dans la foumiffion & dans la dépendance auffi abfolue qu'aveugle pour un étranger; ils n'ont point de parens ni de liaifons; leur père, c'eft l'Etat; leur patrie, le Royaume : ils refteraient au service tout le tems que leurs forces le leur permettraient. Ces vieux Soldats seraient employés dans les occasions difficiles, où l'expérience & l'intrépidité à la vue du danger sont nécessaires. On pourrait objecter que ces troupes seront vilipendées par les autres. A Dieu ne plaise que je regarde l'état Militaire de France & d'Angleterre, comme assez mal discipliné, pour insulter de gaîté de cœur un corps de braves gens, en leur fesant un crime de leur naissance, qui n'a pas dépendu d'eux.

FILLES. La seconde disposition regarde les filles : on tirera parti de celles qui seront disgraciées de la nature, en les employant utilement pour la maison : les autres choisiront l'état qu'elles voudront embrasser. On pourrait dire que la dot que je propose de leur assigner est considérable, eu égard à leur grand nombre. Je répons, que les filles d'une jolie figure formeront tout au plus la dixième partie des enfans, & je crois que le *Parthénion* bien réglé, bien administré, pourra suffire à cette dépense : c'est ce que je me réserve de prouver une autre fois (*). On pourrait objecter encore, que la maison a bien des charges : les *Surannées*, les filles malades, la manière coûteuse dont je propose d'entretenir les Sujets de la maison en tout point, &c. Je conviens de la justesse de ces remarques ; mais il se présenterait naturellement un moyen d'aider la maison, s'il se pouvait qu'elle eût besoin de secours : l'Hôpital de la Salpêtrière devient presqu'inutile ;

―――――――――――――

(*) *Voyez* la Lettre XI.

on placerait ailleurs les folles qui peuvent y être renfermées, & l'on affecterait à notre Établissement les revenus de cette maison. Je vais plus loin ; j'ose soutenir que les Hôpitaux ne remplissent pas, à beaucoup près, le but d'utilité qu'avaient en vue leurs Fondateurs, & ne procurent pas le soulagement qu'on croit que les pauvres en retirent ; la moitié du Royaume n'en a pas, & ne s'en trouve que mieux. Qu'on laisse subsister l'Hôtel-Dieu, à la bonne heure ; dans une ville telle que Paris, il faut bien qu'il y ait un lieu où l'indigent puisse mourir comme il a vécu (*), au sein de l'horreur, &

―――――――――――

(*) On aurait pu dire : *Où il meure promptement* : on a, dans cette maison (& dans une autre) une attention toute particulière à ne pas laisser languir les malades, sur-tout les vieillards.

dans les bras du defefpoir.... O! trifte humanité! où font tes glands & tes forêts!... Tous les autres Hôpitaux font nuifibles, entretiennent la fainéantife, & trompent enfin les malheureux, qui fe font imprudemment repofés fur ces Établiffemens, pour ne rien ménager durant le cours d'une longue vie. Ils efpéraient y trouver la tranquillité, & le repos; ils n'y rencontrent qu'un enfer anticipé : je le dis, parce que je l'ai vu; la mort eft un moindre mal que la trifte vie, que l'on traîne dans nos Hôpitaux: les fuprimer, ou apliquer tous les revenus à une maifon pour les *filles enceintes*, aux *Enfans-trouvés* & à notre *Établiffement*, ce ne ferait que détruire un mal, pour opérer un grand bien. Mais que deviendront ces miférables dont le gain eft fi peu de chofe, qu'à peine il leur fournit le pain quotidien ? Si c'en était ici le lieu, je répondrais.... Des Tianges, ces biens immenses que possèdent les gens de main-morte, pourquoi furent-ils donnés ? pour nourrir sans doute dans une fastueuse indolence nos Prélats & nos Abbés; dans une oisiveté molle, ce Chartreux inutile, ce sensuel Bernardin, &c.... Un nuage de Sauterelles s'est jeté sur le bien des pauvres, le dévore, & l'on s'étonne qu'ils meurent de faim ! Si c'en était ici le lieu, je dirais, que nous autres Financiers, mettons dans nos parcs des campagnes entières..... mais je me tais: j'ajoute seulement, que l'hiver prochain, je détruis mon parterre de ***, mes grandes allées sablées, & que je rendrai près d'une lieue de terrain coûteusement stérile, à l'agriculture.

Quant à la manière d'habiller les *Vêtemens.* personnes de la maison, je crois qu'elle ne doit rien avoir de particulier : la décence même l'exige absolument. Celui qui a dit que les divers *états* devraient être marqués par des habits différens, n'avait certainement pas aprofondi suffisamment son idée. Cette distinction entre les hommes est odieuse, surtout dans nos mœurs: elle ne tendrait qu'à nourrir l'impertinente vanité d'un petit nombre d'hommes, tandis qu'elle couvrirait d'une confusion (déplacée, à la vérité, mais non moins pénible) le *tiers-état* presque tout entier, qui est mille fois plus nombreux que les deux autres réunis : ainsi ce serait servir le goût d'un homme, aux dépens de celui de 999 : jamais pareille Loi ne fut proposable, si ce n'est à Maroc, ou, si on veut, dans le malheureux Empire des Yncas, depuis que les Européens l'ont injustement conquis.

Autorité du Conseil sur les Enfans de la Maison.

Article 39. La disposition de cet Artice retiendra les *Parthéniens* (*)

───────────────────────

(*) *Parthéniens*, c'est à-dire *fils de filles*. Il y eut à Sparte des jeunes-gens qui portèrent ce nom; voici leur histoire.

Lacédémone fesait depuis quelques années une guerre opiniâtre aux Messéniens. Les Spartiates présumant qu'elle serait longue, craignirent que l'éloignement où ils étaient de leurs femmes, ne préjudiciât à la République, en l'exposant à manquer de nouveaux Citoyens : ils renvoyèrent à Sparte les jeunes-gens non mariés, & leur ordonnèrent d'avoir, indistinctement, commerce avec toutes les filles. Cette commission fut si bien exécutée, que vingt ans après, Lacédémone se vit dans la nécessité d'expulser tous les enfans qui en étaient provenus; parce qu'étant en grand nombre,

dans le devoir. Il serait à souhaiter que la peine contre les séducteurs fût générale. Dans un pays où les Loix & la Religion défendent le divorce, il faut des remèdes extraordinaires : je ne connais personne de plus criminel & de plus méprisable qu'une femme qui trompe son mari, si ce n'est son séducteur.

Article 40. L'espoir d'être Gouvernante, ou du moins d'enseigner un jour les Arts aux filles, donnera du goût pour les exercices : ce ressort sera peut-être moins efficace pour contenir les Sujets, que les châtimens ; mais aussi, il n'a aucun inconvénient.

Choix des Gouvernantes. Leurs droits. Maîtresses des Exercices.

& n'ayant aucun héritage à prétendre, ils troublaient la République. On les appela *Parthéniens*, du mot grec Παρθέν⊕, fille, comme ne connaissant que leur mère, qui leur avait donné le jour étant fille.

Sort
des Surannées.

Article 41. Il eſt important de ne point effrayer les filles, par la perſpective d'un avenir pénible.

Clôture.
Filles devenues héritières.

Article 42. Les filles, une fois entrées dans la maiſon, n'en doivent jamais ſortir. On ne rencontrera donc plus dans les rues aucune fille publique; par conſéquent les honnêtes-femmes ne feront jamais priſes pour telles, & inſultées, qu'elles ne ſoient ſûres d'être vengées ſur le champ. On ôtera le ſcandale, que donnaient les Proſtituées, en ſe montrant. Un autre avantage, c'eſt que ſouvent les hommes éviteraient le crime, ſans l'amorce que leur préſentent les filles qu'ils rencontrent, & qui réveillent des deſirs aſſoupis. On ne craindra pas non plus les inconvéniens ſi fort à redouter, ſi la Proſtitution étant ſuprimée, les débauchés ne trouvaient aucun moyen de se livrer à leur panchant : ils auront dans les *Parthénions*, une ressource toujours prête. L'Article excepte de la règle qu'il établit, celles qui se marieraient, & celles qui, devenues maîtresses d'elles-mêmes, par la mort de leurs parens, & héritières d'un bien suffisant pour vivre, voudront aller le régir. Il n'y a rien-là que de juste & de raisonnable. Le pouvoir que la maison conservera sur elles, est nécessaire pour les contenir, ou faire cesser les desordres, que notre Établissement doit tous prévenir.

Article 43. Cet Article montre dans quel esprit les Administrateurs doivent gouverner la maison, & la nécessité de ne donner cette place qu'à des Citoyens vertueux : en tout emploi, l'honnête-homme fait pres-

Filles qui voudraient changer de vie.

que toujours bien, & le fripon toujours mal.

Parthénion quand fermé. Article 44. *De deux maux éviter le pire.* N'écoutez pas les enthousiastes : ces sortes de gens parlent beaucoup ; crient bien fort, & ne réfléchissent jamais. A Londres, où les Spectacles sont fermés les Dimanches, l'on s'ennivre, l'on joue, & l'on va chez *les filles de joie*. Il vaudrait beaucoup mieux ouvrir les Théâtres, & qu'on vît une pièce de *Shakespear* ou de *Dryden* : il serait plus honnête, sans doute, d'assister au *Caton d'Addisson*, que de croupir tout un jour à la taverne, ou de n'en sortir que pour se battre à coups de poing.

Communauté entre tous les Parthénions. Article 45. Une maison de la Province, qui aura trop de Sujets, devra les envoyer à la Capitale, & ainsi de tout le reste, sans qu'une Adminiſtration particulière puiſſe s'y refuſer : on pourrait de même, changer les Sujets reçus dans une ville de Province, ou dans la Capitale, avec d'autres Sujets reçus dans un autre, pour éloigner les filles de leurs connaiſſances ; & cela deviendrait même abſolument néceſſaire pour la Province. La Capitale, manquant de Sujets, en tirera des *Parthénions* de Province, autant qu'il lui en ſera néceſſaire. On ſent pourquoi elle doit jouir de ce privilége.

[Un certain nombre d'hommes de la Capitale, beaucoup plus vils que les Proſtituées, perdra, au nouvel Établiſſement, le fonds de ſa ſubſiſtance. Ces infâmes ſont ordinairement les auteurs de pluſieurs meurtres ſecrets. Ils paſſent leur vie dans une crapuleuſe oiſiveté : tout leur

[240]

talent se réduit à insulter, à se battre ensuite lâchement & comme des assassins. Ils portent un nom, qui n'était pas autrefois une honte : *Machærophorus** ne signifiait autre chose que *Gendarme* : mais ce mot, dont on a retranché les deux dernières syllabes, est bien avili depuis qu'il les caractérise *].

* Μαχαιροφόρ☉, Porteur d'épée.

JE ne sais si j'ai atteint mon but, en proposant les XLV Articles du

___

(*) Voila l'éthymologie du vilain terme *Maqu....*

Le Dictionnaire de l'ENCYCLOPÉDIE donne au mot *Put....* une origine italienne, & le fait dériver de *Putana* : on pourrait tout aussi bien dire qu'il sort de l'espagnol *Puta :* dans la vérité, ni l'une ni l'autre de ces langues ne nous l'a fourni : il vient du français *Pute*, qu'on prononce encor *poute* ou *peute*, *peute*, en diverses provinces; expression formée du latin *Putidus*, puant, puante.

Règlement

Règlement que je t'ai envoyé, mon cher, & si je n'ai rien oublié d'essenciel. *Il n'apartient qu'aux hommes qui ont mérité quelque distinction dans le maniement des affaires, de prononcer sur cet important objet*; & j'attendrais respectueusement leur décision, si je le rendais public. J'ai tâché de ne pas perdre de vue cette maxime sage : *Le pouvoir des Loix ne va qu'à règler les passions, & non à les détruire.* Tu verras de ton côté, si j'ai satisfait à toutes les objections raisonnables que l'on pourrait faire.... Il est huit heures, je vole chez toi: adieu.

. . . .

Bon jour, mon bon ami, car ma montre marque trois heures du matin. J'ai ramené ton épouse & sa sœur de chez mon oncle à une heure : nous avons un peu causé, comme tu vois. Cependant je reviens à toi, & je veux fermer ma Lettre, avant de me mettre au lit.

Jamais partie bruyante ne m'a satisfait comme ce souper, tranquille, sérieux même, chez un Vieillard respectable, au milieu d'une famille sensée. La joie a brillé quelquefois ; mais c'était la rire de la raison. Pour mon oncle, il était d'une humeur charmante. Je ne sais s'il s'est aperçu de ma passion pour Ursule ; il m'a semblé que son enjouement était augmenté du double, lorsqu'il a vu les égards, l'empressement que je marquais à cette fille aimable. Il lui adressait de tems-en-tems la parole, & toujours pour lui dire des choses flateuses. Je ne puis t'exprimer combien cette remarque m'a fait de plaisir : car, mon cher, quoique je fois riche, & maître de moi-même, je sens, depuis que j'aime Ursule, augmenter ma tendresse pour mes parens, & je suis charmé de ne rien faire qui ne leur soit agréable. Dès demain, je veux lui ouvrir mon cœur. Je n'attendrai pas ton retour, pour t'instruire de ce qu'il m'aura dit.

 Je t'embrasse mille fois, cher Des Tianges; mon amitié pour toi est si vive, que je ne crois pas que l'aimable, la tendre Adelaïde, te soit plus attachée que

D'ALZAN.

Neuvième Lettre.
Du même.

9 juin 176......

Hier dès le matin, je me rendis chez mon oncle, que je n'avais pas trouvé la veille: j'en fus reçu avec les démonstrations de la plus vive amitié. Après que nous nous fumes quelque tems entretenus des nouvelles du jour, & d'autres choses indifférentes, j'allais lui parler de ce qui m'amenait: il m'a prévenu. —Vous avez vingt-cinq ans, mon neveu, m'a-t-il dit: il est tems de faire un choix. A votre âge, on n'est plus novice, on connaît le monde, les travers qu'il faut éviter, aussi-bien que les vertus sociales qu'il faut acquérir : vous n'êtes pas, j'efpère, affez idiot, que de vous laiffer prendre uniquement à deux beaux yeux, & je vous crois trop raifonnable, pour ne pas chercher dans l'objet de votre choix, des avantages plus folides——. Ce préambule m'a furpris, & j'ai voulu l'intérompre : il m'a fait figne de l'écouter jufqu'au bout. —Lorfqu'on fe marie, c'eft un engagement durable que l'on contracte, & qui ne reffemble pas à ces petites avantures que vous avez eues de tous côtés : (il m'a fait une longue énumération de mes maîtreffes connues, &, à mon grand étonnement, il a fini par la D***.) il faut qu'un honnête-homme aime fa femme, & n'aime qu'elle. J'ai des vues fur vous, mon cher D'Alzan: mais je voudrais bien auparavant, être fûr que vous aurez pour celle que je vous destine, les sentimens qu'elle mérite d'inspirer. Elle est belle, riche, & par-dessus tout cela vertueuse, modeste, raisonnable. J'ai connu sa mère. J'en fus amoureux lorsque nous étions jeunes tous deux, & libres : un autre l'emporta sur moi; il sut lui plaire davantage. J'en ressentis la plus vive douleur; mais enfin, je ne m'en pris qu'à moi-même; & je renonçai dès-lors à contracter un lien, qui ne pouvait être heureux qu'avec elle. Mon estime & mon respect pour cette femme aimable ne diminuèrent point : je cessai pourtant absolument de me trouver où j'aurais pu la voir. Elle devint veuve : lorsque son deuil fut passé, que je crus ses larmes séchées, j'allais lui offrir ma main, & la prier de consentir que je servisse de père à ses enfans. Sa mort, arrivée il y a quelques années, m'enleva cette douce espérance. Vous jugez que ce fut un coup bien sensible pour moi. Elle laissait deux filles, riches, & sous un sage Tuteur. En les voyant croître, je songeais à vous. L'aînée surtout, qui vient d'épouser un de nos Confrères, vous aurait fort convenu : mais son mariage s'est conclu si promptement, que je n'en fus instruit que dans un tems où les choses étaient trop avancées. Grâces au ciel, la cadète n'est inférieure à cette aînée ni en mérite, ni en beauté, & j'ai voulu m'y prendre de bonne heure, afin de n'être pas une seconde fois prévenu. Je passai hier tout le jour chez monsieur *Laurens* mon ami, beau-père de cette aînée, & Tuteur des deux sœurs : je lui ai fait part de mes vues; nous avons été ensemble sur le champ au Couvent de la jeune personne. Monsieur *Laurens* lui a expliqué le sujet de notre visite, & lorsqu'il a nommé mon neveu, cette aimable fille a prodigieusement rougi : elle était, dans ce moment, plus belle qu'un ange : je n'ai pu m'empêcher de m'écrier, *Que ce coquin de D'Alzan est heureux !* La jeune Demoiselle ne nous a pas donné de réponse positive : mais (& notez cela) elle nous a renvoyés à sa *chère sœur*, dont elle nous a dit qu'elle suivrait les ordres en tout. A l'air de satisfaction qui régnait sur son visage, nous nous sommes aperçus que notre proposition ne lui déplaisait pas. Nous allons aujourd'hui chez la sœur.... —Pardon, mon cher oncle, ai-je intérompu ; mais je crois la démarche assez inutile : je suis au desespoir de vous l'avouer, nos vues ne s'accordent pas : j'aime, si ce terme peut exprimer tout ce que m'infpire une jeune perfonne, à laquelle prefque tout ce que vous venez de dire convient parfaitement, mais qui n'eft pas elle. Je le répète, mon cher oncle, ou plutôt, mon père, puifque vous daignez m'en tenir lieu depuis fi longtems, ma peine eft extrême, de ne pouvoir dans cette occafion vous prouver ma déférence à vos moindres volontés : mais vous ne ferez pas inexorable, puifque vous avez aimé. —Serait-ce la D***, a repris mon oncle avec humeur, qui te fait tenir ce langage ? Si je le croyais.... Mon cher fils, au nom de Dieu, penfe que tu ne peux aimer cette femme méprifable huit jours encore, euffes-tu le fond de la plus tenace conftance.... —Vous me faites tort, Monfieur, ai-je repliqué : je ne vois pas la D*** : je ne la vois plus du tout, depuis que je connais l'objet touchant dont je suis charmé. —En ce cas.... Vous avez raison : ce que j'ai dit ne pouvait convenir à madame D***. J'aurais cru que celle que je vous propose.... —Mon oncle, elle peut être charmante, mais je suis prévenu, je vous l'ai dit. —Elle *peut être charmante!* En vérité D'Alzan, vous êtes incompréhensible : toujours empressé auprès des femmes, dont vous dites pis que pendre en les quittant, l'on vous voit leur prodiguer l'encens & les adulations : comment ne s'y tromperaient-elles pas, elles que leur vanité rend crédules, je m'y trompe moi-même, lorsque je vous vois? Par exemple, l'autre jour, vous étiez chez moi, avec la jeune personne dont je viens de parler, j'aurais juré que vous l'aimiez; & même, je le fis entendre

à madame Des Tianges fa fœur....
—Que me dites-vous ? Madame Des Tianges ! celle que vous me donnez eſt la fœur de madame Des Tianges ! —Oui : que trouvez-vous donc là de furprenant, de merveilleux.... Mais que veulent dire tous ces tranfports ? (j'étais à fes genoux, mon bon ami ;) Ah ! Monfieur, me fuis-je écrié ; c'eſt elle que j'aime—. Imagine-toi, mon ami, les différentes fituations par où j'ai fucceſſivement paſſé ; mes tranfes, mes alarmes ; & la joie que tout-d'un-coup j'ai reſſentie. La caufe de mon erreur, eſt ce nom de *Laurens* que mon oncle donnait à ton père, fous lequel il n'eſt connu de perfonne, & dont tu ne m'as jamais parlé. La fatisfaction de monfieur *De Longepierre* était auſſi vraie & paraiſſait prefqu'auſſi vive que la mienne. Il me la montrait de mille

manières; il prétend m'assurer tout son bien après sa mort, & me faire dès-à-présent un don considérable: il nomme Ursule sa fille; notre union lui fera retrouver le bonheur dont il fut privé.

Nous sommes convenus que j'irais chez madame Des Tianges, pour la prévenir sur la visite de monsieur *De Longepierre*: comme j'ai fait réflexion qu'il était encore trop tôt, je me suis rendu chez moi; & je t'écris en attendant le moment d'aller aprendre ces bonnes nouvelles à ma première amie. Je la crois déja instruite de la démarche que mon oncle fit hier auprès d'Ursule avec ton père..... Mon ami, comme le cœur me bat! Il me semble que je vais aprendre à madame Des Tianges que j'aime Ursule.... A ce que j'éprouve, on dirait que je crains.... Aimable timidité!... elle me prouve, mon cher, que j'aime mademoiselle *De Roselle* comme il convient de l'aimer. L'heure n'arrivera pas : ma montre est arrêtée je crois... Je te quitte......

. . . .

Ah! Des Tianges! Des Tianges!... regarde.... quel Billet!... il est de ton épouse!

BILLET
de Mme Des Tianges à D'Alzan.

Vous êtes pour moi, Monsieur un être indéfinissable : vous faites faire auprès d'Ursule une démarche d'éclat, par votre oncle & par le père de votre ami; vous me témoignez à moi-même la tendresse la plus vive pour ma sœur; & tout cela dans le tems qu'une intrigue criminelle & deshonorante vous lie avec.... le dirai-je, Monsieur? avec la D***;

avec une femme perdue, & qui serait fâchée qu'on en doutât. Ah D'Alzan! Adelaïde ne vous aurait pas cru double, scélérat, séducteur : elle ne vous suposait que faible, léger, gâté par le siècle.... Ingrat! fallait-il choisir la sœur de monsieur Des Tianges, de votre ami, pour la malheureuse victime de votre hypocrisie! La pauvre Ursule!... vous ne méritez pas les larmes qu'elle va répandre.... Écoutez-moi, vous qui les causerez ; vous, qui trahissez ma confiance & mon amitié, celle de mon époux, ce qu'il y a de plus sacré parmi les hommes, puisque vous abusez de l'amour ; ne paraissez jamais devant Ursule ou devant moi : je vous le demande comme une grâce ; & si cela ne suffisait pas, je vous le défens.... pour toujours.

ADELAIDE DES TIANGES.

Mon cher bon ami!... je mourrai avant ton arrivée..... Ursule va me croire faux, vil... Ma conduite passée ne la rassurera pas.... Des Tianges! je donnerais tout mon sang..... Cependant..... oh! cette idée me tue... Un moment... qu'Ursule me croye un moment... Ecris leur... hâte-toi de leur écrire, & de me justifier.... Je suis innocent, tu le sais; mais elles refuseront de m'entendre.... Madame Des Tianges... Eh! c'est sa vertu... l'amitié... qu'elle croit trahie... qui va me fermer l'entrée... m'ôter tout accès....Ursule.... Mon ami, je suis saisi.... Ma main, tout mon corps, éprouvent un tremblement si violent.... je ne saurais écrire davantage. Adieu... adieu, cher ami.

D'ALZAN.

DIXIÈME LETTRE.

De M.sieur D'ALZAN DE LONGEPIERRE, à DES TIANGES.

Même jour, le soir.

JE vous écris à la hâte, Monsieur, bien triste, bien affligé; votre famille & la mienne environnent le lit de monsieur D'Alzan, de votre ami, de mon pauvre neveu. Il s'est trouvé mal, ce matin, à dix heures. Vous connaissez cette impudente madame D***; c'est elle, ce sont ses noirceurs qui l'ont réduit dans l'état où il est.

Il n'y avait pas deux heures qu'il m'avait quitté : nous étions convenus de nous trouver chez vous. Je m'y rends; je suis étonné de ne l'y pas

pas voir, & plus encore du froid de l'accueil de madame Des Tianges, que je croyais qu'il avait inftruite de notre converfation du matin. Je le demande, après les premiers complimens. Votre époufe me répond, qu'elle ne croit pas que monfieur D'Alzan doive revenir chez elle. Je demeure confondu : je preffe madame Des Tianges de m'en aprendre davantage. Elle me prie de l'en difpenfer, & me renvoye à mon neveu, qui m'inftruira, ajoute-t-elle, beaucoup mieux qu'elle ne le pourrait faire. Déja troublé par un évènement auffi peu attendu, je vole chez votre ami, & je le trouve.... hélas ! je n'ai pas eu la force de prononcer une parole : l'état où je l'ai vu, m'a faifi. Il rentrait ; la porte de madame Des Tianges venait de lui être refufée : l'égarement de fa raifon fe peignait dans fes regards....

Il ne me reconnaissait pas, il ne me voyait pas! joignez à cela une fièvre brûlante, des sanglots, de longs soupirs; c'est le tableau de sa situation. J'ai moi-même aidé à le porter dans son lit. Au bout de quelques momens, il m'a reconnu; il m'a serré la main, mais il ne me disait rien encore : j'ai vu dans ses yeux, qu'il cherchait quelque chose : j'ai regardé où il les portait; apercevant une Lettre toute ouverte sur son bureau, qu'il paraissait fixer, je l'ai prise : elle ne m'a que trop instruit. J'ai demandé au pauvre malade, si c'était là ce qui l'avait mis dans un état si violent? Il m'a fait signe que oui : je l'ai assuré que je pouvais le justifier dans l'esprit de madame Des Tianges & de sa sœur. Cette promesse a fait quelqu'impression sur lui. Il m'a parlé.—Ah! courez-y, mon cher oncle, m'a-t-il dit, d'une voix faible, & rendez-moi la vie, s'il en est tems encore : il faut absolument que je les voye toutes deux ; que je leur parle, & que je meure, si je ne puis les persuader de mon innocence.

Je n'ai pas différé d'un moment. En entrant chez vous, j'ai surpris étrangement madame Des Tianges : —Sauvez mon neveu, madame, me suis-je écrié : votre Billet l'a mis dans un état qui va vous épouvanter : amenez avec vous mademoiselle *De Roselle* ; il veut vous parler à toutes deux, détruire les calomnies dont on l'a noirci, ou mourir : je vous réponds de son innocence : on vous a trompée : venez, je vous en conjure; je vous éclaircirai sur tout cela—. Je m'exprimais avec tant de véhémence, que je ne m'apercevais pas de l'impression que fesait mon discours sur l'aimable madame Des Tianges : elle était pâle & tremblante. —Eh Seigneur ! qu'est-il donc arrivé, m'a-t-elle dit ? Allons, Monsieur, partons ; allons partout où vous voudrez. Montons dans votre voiture, & prenons ma sœur en passant—. En chemin, elle m'accablait de questions ; j'y satisfesais de mon mieux ; en égard au trouble où je me trouvais. Elle m'a parlé de la D*** ; elle m'a dit que cette femme était venue la trouver elle-même ; que pour apuyer ce qu'elle lui avait avancé, elle avait montré les Billets de mon neveu, dont le dernier, conçu en termes fort clairs, était daté de la veille. Je l'assurai que la date avait été altérée, ou que le Billet lui-même était entièrement suposé. Je lui racontai ce qui s'était passé entre D'Alzan & moi le matin. Là-dessus nous sommes arrivés au Couvent de mademoiselle De Roselle. Madame Des Tianges l'a prevenue en peu de mots. Dans mon malheur même, j'ai ressenti un mouvement de joie ; car j'ai cru m'apercevoir que mon neveu n'aime pas une ingrate.

Dès que nous avons paru dans la chambre de D'Alzan, il a prié qu'on le laissât seul avec nous.... Je ne puis me rapeler ce qui vient de se passer, sans répandre des larmes.... Mon neveu s'est entièrement justifié.... L'aimable épouse de monsieur Des Tianges & la belle Ursule n'ont rien omis pour le consoler.... Que je suis touché ! quand j'y pense.... Si mon cher D'Alzan en revient (car il ne faut pas vous cacher que les Médecins n'osent pas encore répondre de lui): s'il en revient, dis-je, comme je l'espère des tendres soins & des bontés des deux sœurs, il regardera cet accident comme un bonheur. Il a voulu se disculper entièrement, quoique mademoiselle De Roselle & madame Des Tianges elle-même l'en dispensassent : il a montré la Lettre que la D*** lui écrivit en réponse de son Billet, & la date précède de près d'un mois votre départ pour Poitiers.

Les domestiques de mon neveu ont mis l'alarme dans toute notre famille; on accourt de tous côtés. A quoi sert cet empressement : toutes les visites que souhaitait D'Alzan, se réduisaient à deux; les autres sont incommodes, & je vais l'en débarrasser. . . . . . .

10 heures du soir.

Je viens de voir mon neveu : tout le monde est sorti, à l'exception de celles qui lui ont rendu la vie. Dès qu'elles paraissaient s'éloigner, les convulsions qui l'avaient pris le matin, revenaient avec violence. Les deux aimables sœurs se sont assises de chaque côté de son lit; la joie que leur chère présence lui cause, a calmé ses sens trop agités; il vient de s'assoupir, & les Médecins répondent de lui. A la première assurance qu'ils en ont donnée, madame Des Tianges a tiré avec vivacité un diamant de son doit, & l'a fait accepter à celui qui venait de parler. Vous jugez combien ce petit transport m'a causé de plaisir. Ce sera la première chose que D'Alzan aprendra à son réveil. Je me sens bien consolé, monsieur, d'avoir quelque chose de mieux à vous annoncer en finissant. Je suis très-parfaitement, &c.

DES TIANGES DE LONGEPIERRE.

ONZIÈME LETTRE.

De D'Alzan,

à Des Tianges.

13 juin.

Nous recevons ta Lettre à préſent, mon bon ami, & j'obtiens de madame Des Tianges d'y faire réponſe moi-même. Cela te convaincra mieux que toute autre choſe, de l'efficacité de ſes ſoins, & de ceux de ma belle, de ma tendre, de mon adorable épouſe.... Non, cher frère, rien ne pourra deſormais ſéparer D'Alzan de cette Urſule qu'il adore: hier matin, nous prononçames le ſerment ſacré qui nous lie pour toujours l'un à l'autre : j'allais beaucoup mieux; on aurait pu t'attendre ; mon oncle, tes parens & les miens en étaient d'avis; mais Adélaïde a voulu qu'on nous unît dans ma chambre. Quel bienfait! & que la main dont je l'ai reçu m'est chère! Toute ma vie, je regarderai madame Des Tianges comme une inestimable amie, comme une tendre sœur, une mère adorée, ma divinité tutelaire. Et mon épouse? Ah! Des Tianges! mon cœur nage dans une mer de volupté. O bonheur c'était auprès d'elle, sur ce sein d'albâtre que tu sommeillais en m'attendant. Depuis notre mariage, tout change en mieux. On me croit malade encore; & moi, je sens que jamais je ne me suis aussi bien porté. J'ai desiré, avec toute l'ardeur dont je suis capable, la main de mademoiselle De Roselle: depuis que je l'ai obtenue, je sens ma félicité plus vivement encore que je ne l'ai desirée. C'est, mon bon ami, que je ne connaissais pas tout le mérite, tout le prix de celle que j'idolâtrais. O femmes ! êtres enchanteurs, vous tenez sans doute le milieu entre la divinité & nous ! qui n'a pas su vous plaire, qui n'a pas été aimé de vous, n'a pas vécu : il a végété ; mais la vie, la douce chaleur de la vie, jamais, jamais il ne l'a sentie. Comment se trouve-t-il des hommes, qui craignent cette union délicieuse de deux âmes étroitement unies par les mêmes affections, les mêmes biens, par ces êtres innocens qui leur doivent le jour, en un mot, par les Loix les plus saintes de la société ! s'ils pouvaient se former une idée de ce que j'éprouve…. de ce que nous éprouvons tous deux, cher Des Tianges, ils renonceraient bientôt à une erreur qui les rend malheureux.

Cette Lettre ne te trouverait plus à Poitiers, je l'adresse au Maître de Poste à *Blois*. Ton impatience obligeante nous a fait à tous le plus grand plaisir. Il est bien flateur, pour ton épouse & pour ton ami, d'aprendre, que tu *ne peux attendre un jour, un seul jour de plus pour être informé de leur situation*. Elle est heureuse, cher Des Tianges: tu ne verras ici, à ton arrivée, que les signes de la joie la plus vive: viens, ton épouse....

De Madame DES TIANGES.

ne ta jamais tant desiré, mon aimable mari. Viens me dédomager de tous les chagrins que ma causés ton ami. Il est heureux, à présent: mais si tu l'avais vu.... C'est un enfant, & je lui pardonne tout. Je n'en avais pas pour un à consoler ; ma sœur auffi fe defefpérait, quoiqu'en fe cachant. Ils m'ont bien fait de la peine, & fi je les aime, comme auparavant, de tout mon cœur. Adieu, mon ami. Si j'avais le fort de cette Lettre, je t'embrafferais un jour plutôt.

ADELAIDE DES TIANGES.

De Madame D'ALZAN.

J'arrive bien à propos, frère chéri, pour me juftifier des crimes dont ma fœur m'accufe auprès de vous. *Je lui ai fait de la peine!* moi! elle peut vous l'écrire! Eh bien, elle vous trompe, croyez-m'en. L'on ne chagrine jamais, je penfe, ceux que l'on aime, ou bien c'eft malgré foi; & pour lors, ils doivent le pardonner. Non, je ne pourrais fuporter l'idée d'avoir caufé un inftant d'ennui à mon adorable fœur. Ma chère

Adélaïde me rend tout ce que je perdis, lorsque le ciel nous enleva nos parens. L'*avoir affligée!* ah jamais, jamais je ne l'ai voulu. Que serait-ce si je vous disais.... Elle m'empêche d'écrire; elle ne veut pas que je dise.... Eh bien, je me tais....

Je suis bien contente de quelqu'un que vous aimez : on a pour ma sœur & pour moi, les sentimens que je desirais : le don de tout mon cœur, de toute ma tendresse en est le prix. Personne après ma sœur.... Elle ne me regarde plus : aprenez que c'est moi qui la consolais : elle ne pouvait se pardonner.... Elle revient.... Personne, après ma sœur, ne vous est aussi sincèrement attachée

qu'URSULE D'ALZAN.

De D'ALZAN.

Elles m'ont arraché la plume, mon cher; nous nous disputons le plaisir de causer avec toi. Cette Lettre t'en sera plus agréable, puisque tu viens d'y voir les caractères chéris de celle qui te rend le plus fortuné des époux. Pour te prouver que je me porte aussi bien qu'on le puisse, après une commotion assez violente, je veux profiter du tems où une visite les oblige à me laisser seul, pour t'achever mon Projet. Tu t'amuseras à vérifier mes calculs dans ta chaise: aussi bien je doute que tu puisses en trouver le moment, lorsque tu seras avec nous.

§ V.

COMPENSATION du Produit des différentes Classes, avec les Charges des Parthénions.

IL paraît assez probable que le nombre des filles tant *Publiques* qu'*En-*

tretenues, peut se monter dans le Royaume, à 30,000 : 20,000 dans la Capitale, & 10,000 dans les Provinces : mais je n'asseoirai pas mon Établissement sur un nombre si considérable. Suposons seulement qu'il y ait, dans la ville de Paris, *douze mille filles* tant *Publiques* qu'*Entretenues* ; environ la moitié dans le reste du Royaume. Malgré le bien-être que l'Établissement proposé procurera aux *Parthéniennes*, je ne doute pas que la défense de sortir de la maison, l'impuissance où seront les filles, de se livrer à des débauches qui sont les funestes accompagnemens de la Prostitution, ne réduisent-là le nombre de ces infortunées : j'en ôterai même encore 1,000, pour mettre toutes choses au taux le plus bas : nous aurons donc, dans toute l'étendue du Royaume, *dix-sept mille filles*, qui pourront être placées dans les *Parthénions*.

Il est prouvé par les nouvelles *Recherches sur la Population de Monsieur Messence* (*), qu'à peine le tiers des hommes atteint *quarante-cinq ans*. Cette règle générale doit être en proportion double, pour les filles publiques. Ainsi, lorsqu'on aura fait le choix des deux classes des *Surannées*, comme le prescrit l'Article XXXIII, il restera tout-au-plus *mille filles* dans toute l'étendue du Royaume, à charge à l'Établissement. Et nous en aurons, qui chaque jour produiront un revenu, qui excédera leur dépense plus ou moins,

---

(*) *Paris, in-4.* Durand neveu, rue Saint-Jacques.

SAVOIR;

[273]

SAVOIR;

SURANNÉES...... à *6 sous*,   RECETTE.
500 (employer 400) par jour, 120 l.
Surannées............à *12 sous*,
730 (employer 600).........360 l.

Le Ier Corridor :
à { 18 f. n.° 2.
    1 l. 4 f. n.° 1. } 3000 (employer 2000)...2,100 l.

Le second :
à { 1 l. 16 f. n.° 2.
    2 l. 8 f. n.° 1. } 3900 (employer 2000)...4,200 l.

Le troisième :
à { 3 livr. n.° 2.
    3 l. 12 f. n.° 1. } 4000 (employer 2000)...6,600 l.

Le quatrième :
à { 4 l. 16 f. n.° 2.
    6 livr. n.° 1. } 3000 (employer 1500)...8,100 l.

Le cinquième :
à { 12 livr. n.° 2.
    24 livr. n.° 1. } 1700 (employer 1000)-18,000 l.

Le sixième :
à 96 livres.... 170 (employer 85)...8,160 l.
                              filles produisent
Total..(par jour)...9585............47,640 l.
     (par an).................17,388,600 l.

I Partie.   S

Nota Benè. Comme les *Filles entretenues* des deux derniers Corridors sont à une taxe beaucoup plus basse, on ne parle ni des *Nuits* ni des *Amendes*, qui font un objet de Recette bien supérieur à cette diminution.

DÉPENSE. L'ENTRETIEN de chacune des filles, des six Corridors, pourra se monter, par année, pour les habillemens,

(*à Paris*) à............500 liv. qui feront par an la somme de...................7,885,000 l.

Celui des *Surannées* choisies, à....................300 liv........ 369,000 l.

La nourriture des Filles, Gouvernantes & Maîtresses pour les Arts (par jour) à 1 livre, 17,000 personnes (par an)...6,241,500 l.

L'entretien ordinaire des Bâtimens dans tout le Royaume, 50,000 l.

Total................... 14,545,500 l.

N. B. On ne fait aucune diminution pour les *Filles entretenues* que leurs amans pourraient habiller, nourrir, &c.

L'habillement & la nourriture des Ouvriers & des Ouvrières, seront compensés par leurs ouvrages. C'est par cette raison que je n'ai point fait entrer ce produit dans l'Article de la *Recette*. Par la même raison, je n'ai fait aucune mention de l'achat des fils, soies & laines nécessaires pour les manufactures des étofes, & la façon des habits. Cela doit se trouver suffisamment compensé par la diminution considérable qu'aportera dans le coût des habillemens l'épargne des façons, & la fabrication des Étofes.

Il est bon de remarquer, qu'on n'emploie que 9,585 filles sur 27,000 : cependant, au moyen que l'Établis-

sement sera presqu'également com‑
posé de *filles entretenues* & de *pu‑
bliques*, il y aura beaucoup plus de
revenu que je n'en assigne; & l'on
peut regarder le total de la *Recette*,
comme étant un tiers plus bas qu'il ne
montera communément; tandis que
celui de l'*Entretien* ordinaire est
supposé aussi haut qu'il peut aller dans
des maisons où la multitude des bou‑
ches diminuera nécessairement la dé‑
pense de chaque individu.

Par conséquent, il devra rester à
l'Établissement, toutes les dépenses
prélevées, une somme beaucoup plus
forte que celle de .. 2,743,1000 *l.*
qui se trouve surpasser la dépense
dans mon hypothèse.

Surquoi l'on se fournira de remè‑
des pour les malades, l'on payera
les mois de nourrice, l'on mariera
les filles nées dans la maison qui

pourront l'être, & l'on entretiendra les *Surannées* inutiles.

9,585 filles pourront donner, année commune, 4,000 enfans, qui vivront *1 an :* (on voit que ce n'est qu'un à-peu-près ; car de ces mille enfans qui mourront dans l'année, beaucoup ne vivront qu'un jour, d'autres une femaine, un mois &c.) *trois mille* qui vivront *trois ans* (& c'est beaucoup) ; & *deux mille* qui parviendront à l'*adolefcence* : à *fix livres* par *mois* chaque enfant, la *première année*, les *Parthénions* de tout le Royaume feront chargés de 288,000 livres : la feconde année, de la *moitié en fus*, ou 450,000 livres environ ; la *troifième année*, d'environ 576,000 livres ; au bout de 8 ans, d'environ 1,200,000 livres : le taux de cette charge reftera, à-peu-près, à 1,500,000 livres.

puisqu'à mesure que les enfans grandiront, ils cesseront d'être à charge à la maison, soit en en sortant, soit par leur travail. On prend encore ici le tout au pis; car l'on supose qu'il ne se trouvera aucun père qui fasse élever ses enfans. Il resterait donc dans cette dernière hypothèse, 1,243,100 livres, pour les Surannées & les mariages. Mais j'ai prouvé que l'excédent de la Recette doit être bien plus considérable.

Résumons : voila donc un moyen presqu'infaillible d'anéantir le *levain vénérien*, de chasser de l'Europe ce monstre qui n'était pas fait pour notre climat : de diminuer le scandale de la Prostitution : d'arrêter dans sa marche l'indécence des mœurs; & par surérogation, de mettre dans l'État une pépinière de sujets qui ne feront pas directement à charge, fur lefquels il aura une puiffance mitée, puifque les droits paternels ceux du Souverain fe trouveront nis.

Je le répète; l'on n'exécuterait ce Projet fans quelques inconvéns : la Proftitution, qui n'eft que citement tolérée, paraîtrait autori. Cet inconvénient inévitable eft-il n réel ? & s'il l'eft, ne fe trouve-t-il fuffifament compenfé ? L'on opéa un bien effectif, & le mal ne fera, ur ainfi dire que de fpéculation. ailleurs, où ne fe rencontre-t-il pas nconvéniens ? qu'on me cite une treprife, une loi, même celle du rdon des injures, cette loi fi fain, qui mit *Socrate* audeffus de tous hommes, & dont un Dieu nous donné des modèles plus héroïques

& plus respectables encore (*) ; qu'on m'en cite une, qui n'ait pas les siens, & dont on ne puisse pas quelquefois dire :

*Quàm mala sunt vicina bonis ! errore sub illo
Pro vitio virtus crimina sæpè tulit* *.

* Ovid. de Remedio, v. 323-4.

. . . .

―――――――――

(*) *Cratès* de Thèbes, disciple de Diogènes le cynique, a donné un bel exemple de modération, que les Chrétiens ont rarement imité : Un certain *Nicodrome* lui appliqua un soufflet avec tant de violence, que sa joue enfla : Cratès se contenta de faire écrire au bas de la joue malade : C'EST DE LA MAIN DE NICODROME ; *Nicodromus fecit :* allusion plaisante & tranquille à l'usage des Peintres. Ce fut ce Cratès pauvre, contrefait, que la célèbre *Hipparchia* ne rougit pas d'aimer, après qu'il eut vendu tout son bien, dont il avait jeté le prix dans la mer, en s'écriant : *Je suis libre*.

Madame des Tianges me gronde, mon cher : elle me dit que je ne devais pas écrire si long-tems : mon aimable épouse se joint à sa sœur : je tremble de les fâcher : je vais fermer ma Lettre. . . . .

―――――――

En ce moment, on entendit dans la cour le bruit d'une chaise : Madame Des Tianges s'empresse d'ouvrir une croisée : — *Le voila, ah! le voila!* s'écrie-t-elle. Et sans s'expliquer davantage, elle vole au devant de son époux.

Monsieur Des Tianges, effrayé par la Lettre de l'oncle de son ami, avait trouvé le moyen d'avancer son retour. Il est impossible de peindre la joie que causa cette heureuse arrivée : elle fut d'autant plus vive, qu'elle succédait à la douleur la plus amère. L'amour, l'amitié & la reconnaiffance accueillirent Des Tianges : il vit fon cher d'Alzan, auffi heureux que lui-même ; il le voit encore fuivre le fentier de la vertu, aimer conftamment fon époufe, & mériter fon bonheur.

Fin de la première Partie.

LE PORNOGRAPHE,

OU LA

PROSTITUTION RÉFORMÉE.

SECONDE PARTIE,
contenant les NOTES.

NOTES.

(A)   (A) I Part. pag. 48.

ÉTAT
DE LA PROSTITUTION
CHEZ LES ANCIENS.

ON se tromperait beaucoup, en s'imaginant que la débauche ou le goût du plaisir furent les premières causes de la *Prostitution*. Cet état, aussi vil parmi nous, que malheureux & corompu, eut une origine moins criminelle que ses effets. Il n'est aucune des fausses Religions qui ne l'ait admise dans son culte*: elle a précédé les sacrifices de sang humain, bien plus atroces qu'elle. Jamais les hommes ne furent assez dépravés, pour croire que le crime pût honorer la Divinité : la *Prostitution* ne fut donc pas d'abord une débauche, mais une

* *Voyez* les Religions du Monde d'Alexandre Ross.

consécration du premier instant de l'existance de la nouvelle créature à laquelle on donnait l'être. La *population* fut le second motif de l'ancienne *prostitution* des filles, & même des femmes. Tel était au-moins celui de la *communauté* des Lacédémoniennes ; & dans la suite, le but de cette loi de *Jules-César* non publiée, qui devait permettre aux femmes *de se donner à autant d'hommes qu'elles voudraient*. Mais une pratique de dévotion telle que la *Prostitution* devait dégénérer assez vîte. C'est ce qui arriva. Les Prêtres d'abord en abusèrent pour assouvir leurs passions. On vit naître ensuite ces infâmes coutumes, de se prostituer pour l'entretien d'un Temple, ou pour se former une dot : on vit les hommes se mutiler, & heurter ainsi de front le but du culte primitif : bientôt le sang humain coula, & l'on ôta la vie au lieu de la donner. Voila comme les deux extrêmes se touchent : nos Moines furent établis pour être pauvres, humbles, mortifiés, chastes.

LA *Prostitution* proprement dite, qui succéda à la *Prostitution religieuse*, ne dut exister que parmi les nations policées, où les deux sexes sont à-peu-près également libres: car chez celles où le sexe le plus faible est esclave, le plus fort le fait servir à ses plaisirs, à ses caprices; mais on ne peut pas dire qu'une femme, contrainte par la nécessité, se prostitue. Elle n'est point en outre au premier venu; elle ne reçoit la loi que d'un seul; une pièce de monnaie n'est pas le motif qui la détermine: son état est donc moins vil; elle peut avoir le cœur pur, & conserver une âme chaste. Il ne s'est par conséquent jamais trouvé beaucoup de *prostituées* dans les pays connus aujourd'hui sous les noms de *Turquie*, de *Perse*; je ne vois nulle part qu'il y en ait eu à la *Chine*; & si dans quelques cantons des *Indes* les femmes se sont prostituées, c'était un acte de religion, & non un commerce infâme. Je ne présume pas qu'on ait vu souvent des *filles publiques* dans les deserts de l'*Arabie*; il faut un luxe, du superflu chez une nation, pour qu'il s'y rencontre un nombre de ces malheureuses. Je sais que dans les contrées les plus pauvres, il a pu arriver que des femmes libres, ou des esclaves échapées & fugitives, se soient abandonnées à tous les hommes qui leur témoignaient des desirs. Dans la terre de *Canaan*, elles s'établissaient tantôt sur la voie publique, & tantôt dans l'enceinte des villes. Elles gardaient une sorte de pudeur ; car souvent elles étaient voilées de manière à n'être pas reconnues : dans certaines occasions, elles allaient de nuit se coucher aux pieds de ceux qui reposaient à la campagne durant les récoltes ; elles y restaient timidement jusqu'à ce qu'elles fussent aperçues. La *Bible*, qui nous donne en passant & à l'occasion de certains faits importans qu'elle rapporte, des lumières sur les *Prostituées* des premiers tems, nous en fournit encore sur les mœurs de celles qu'on voyait à Jérusalem & dans tout le pays d'*Israèl*, sous les Rois successeurs de *David*. Il paraît que celles-ci, étaient de ces femmes que le tempérament entraîne : elles recherchaient les hommes les plus vigoureux : cela n'empêchait pas qu'elles n'exigeassent un prix souvent très-considérable [ceci prouve qu'elles étaient en petit nombre]

bre] *Il n'est point de Prostituée*, dit Ézéchiel, *qui n'exige son payement*. Les noms qui répondaient, chez les Arabes, à ceux de *Laïs, Thaïs, Chioné, Phryné*, des Grecs; *Quartilla, Lesbia, Gallia* des Romains, étaient אהלה *Aholah*, אהליבה *Aholibah*; il faut convenir que ces noms sont très-expressifs. Quant à la prostitution des jeunes filles *Madianites* dans le desert, on ne doit la regarder que comme une tentative politique, mise en usage par un peuple qui se sent trop faible, pour adoucir le plus fort. C'est ainsi que souvent les Nations infortunées du Nouveau-monde ont offert la jouissance de leurs femmes & de leurs filles aux Européens qui les épouvantaient : ainsi de nos jours le triste Lapon, honteux de sa petitesse, engage l'étranger qu'il reçoit à lui procurer des enfans d'un espèce moins faible & moins imparfaite.

On doit distinguer chez les anciens Grecs quatre sortes de *filles publiques ;* les *Prostituées communes*, logées dans des maisons obscures, & que les hommes allaient voir en secret. Les *filles dressées à la prostitution* par

II Partie. *b*-U

le *Maſtropos* ou *Lénon* qui les avait achetées, dont elles étaient les eſclaves, qui trafiquait de leurs appas, & qui les louait ou vendait à ceux qui en voulaient. Les *Prêtreſſes conſacrées au culte de Vénus*, qui offraient chaque jour à la déeſſe le ſacrifice de leur pudicité, avec l'homme qui les avait choiſies, & pour lequel il ne leur aurait pas été permis de montrer leur répugnance. Il y avait un de ces temples de Vénus à *Corinthe*. La quatrième ſorte, & ſans contredit la plus célèbre, ce ſont ces fameuſes *Courtiſanes*, les *Delormes* de leur ſiècle, les *Bacchis*, les *Dorique*, les *Laïs*, les *Phryné*, toutes auſſi connues dans l'univers qu'*Alexandre*. Je ne dis rien des filles de *Cythère*, aujourd'hui *Curgo*, qui ſe proſtituaient aux étrangers ſur le bord de la mer, près du Temple de Vénus, & qui portaient enſuite le prix de leurs faveurs ſur l'autel de cette déeſſe; ni de celles qui ſe ſont livrées avant leur mariage au premier venu, pour amaſſer leur dot [*Criſtofe Colomb* n'avait pas encore découvert *Haïti*, heureuſement pour ces pauvres vierges!] ni des femmes de *Baby-*

lone, qui se donnaient une fois en leur vie, à l'homme qui les trouvait à son gré : ceci rentre dans la Prostitution religieuse; c'était une coutume autorisée par les loix de l'État. Dans la suite, elles se prostituèrent aux Étrangers; pour cela, les femmes se tenaient assises auprès du Temple de *Nilitta*, ou Vénus, & s'offraient elles-mêmes. Elles procuraient, en vendant leurs faveurs, des sommes considérables, pour l'entretien du culte de la déesse. Chez tous les anciens peuples, qui donnaient à la Divinité ce qu'ils avaient de plus précieux, le sacrifice de la virginité & de la pudicité des femmes a fait partie du culte public & secret. Quelle peut avoir été la sainteté primitive de ces sacrifices, devenus abominables ! Une femme, en l'honneur du Père de la Nature, devant lui, dans son Temple, s'obligeait à donner la vie ; s'imposait en conséquence toutes les peines de la grossesse, tous les soins de la maternité. Ce sacrifice, bien au-dessus de celui des stériles *Vestales*, montre comme les hommes peuvent abuser des meilleures choses. Les mâles, de leur côté, non contens de partager l'hommage des femmes, poussèrent l'extravagance jusqu'à heurter de front le but primitif, en se privant de leur virilité, sacrifice abusif dès son origine; effet déplorable des fausses idées que l'on commençait à se former de la Divinité.

Chez les Romains, qui avaient pris leur Religion des Grecs, il fut assez ordinaire d'en voir changer les pratiques. La *Prostitution* religieuse n'eut plus lieu; le culte du *Phallus* ou de *Priape* devint ridicule. L'on ne vit donc guère chez ces Républicains que des *Prostituées* des deux premières espèces que nous avons distinguées en Grèce. Chez eux, le *Concubinage* légitime, écarta long-tems le *Prostitutisme*. Un homme trouvait chez lui tout ce qui pouvait satisfaire la variété de ses desirs. Cependant leurs *Lupanaria* étaient des endroits plus importans que nos *mauvais-lieux*. On en voit dans *Pétrone* l'ample description. Il paraît qu'on s'y livrait à tous les genres de débauche, & que les *Meretrices* n'étaient pas aussi brutes que la plupart des *Prostituées* d'aujourd'hui, espèces d'automates que l'argent fait mouvoir,

& qui n'agissent ni ne sentent, dès qu'il cesse de fraper leurs regards. Il y eut de tout tems à Rome un quartier pour les *filles publiques*. Elles n'étaient pas mêlées avec les Citoyens Dans ces tems malheureux, où les *Caligula*, les *Néron*, les *Commode* plaçaient l'impudence sur le trône; où les Dames Romaines ne connaissaient plus ni pudeur ni retenue, les *Prostituées gardaient une sorte de décence :* c'est ce que prouve cette Épigramme de *Martial* :

Incustoditis & apertis, Lesbia, semper
 Liminibus peccas, nec tua furta tegis,
Et plus spectator quàm te delectat adulter,
 Nec sunt grata tibi gaudia si qua latent :
At Meretrix Abigit Testem Veloque Seráque,
 Raraque Summœni * *rima patet :*
A Chione saltem vel Laïde disce pudorem.
 Abscondunt spurcas & monumenta Lupas.
Numquid dura tibi nimiùm censura videtur ?
 Deprendi veto te, Lesbia. . . . .

* *Somménie*, comme qui dirait *lieu situé sous les murailles* : c'était dans l'ancienne Rome un quartier proche du rempart, affecté aux Filles publiques.

Rien n'égalait la propreté des *Courtisanes Grecques & Romaines*; elles donnaient à l'entretien de leur corps, une attention digne du cas que les hommes fesaient de sa beauté : elles employaient tous les moyens imaginables pour relever la blancheur de la peau, conferver l'éclat & la fraîcheur de leurs attraits; ces moyens étaient les pâtes onctueufes dont elles fe couvraient le vifage, les mains, la gorge &c. durant la nuit; les bains, qui devenaient enfuite d'une néceffité abfolue, les dépilatoires &c. On voit par les Statues qui nous reftent de l'Antiquité, qu'elles ne conferaient pas même ce voîle dont la pudeur de la Nature a caché les fecrets appas: peut-être était-ce à caufe de la chaleur du climat, pour la propreté fi effencielle au fexe, ou fi l'on veut, pour la commodité du plaifir, & la volupté des regards.

Ces *filles* ne s'*automatifaient* pas comme celles de nos jours ; on ne voit pas dans *Pétrone*, dans *Martial*, ni dans les autres Auteurs qui parlent des *Proftituées* de leur tems, qu'elles euffent pouffé l'abrutiffement jufqu'à fe rendre *infenfibles*. Loin de-là, ces Auteurs nous les repréfentent comme des femmes à qui l'habitude du plaifir avait fait un befoin de la jouiffance. Nous fommes de ce côté-là descendus plus bas que les Anciens. On conviendra, sans que je m'étende là-dessus, que des excès qui privent de la *sensibilité* par une réitération trop fréquente, doivent donner au mal d'*Haïti* ce degré de malignité, qu'il est constant qu'il n'a pas sur le sol où il est né.

ÉTAT ACTUEL
DE LA PROSTITUTION.

LES mœurs des Nations modernes, que les Religions qu'elles professent ont rendues beaucoup plus sérieuses & plus décentes que celles des Anciens, sont aussi plus contraires à la *Prostitution*. Bien-loin d'être chez elles un acte de leur culte, rien n'est plus contraire à son esprit.

Voyez I Partie, page 109.

Il est, pour les hommes vivans en société, un frein plus puissant que les loix, c'est l'*opinion*; il n'est point d'état qui ne la puisse respecter; il n'est point d'excès dont on ne soit capable, lorsque son joug nous est ôté. Les Religions actuelles n'ont inspiré que de l'horreur pour les *filles publiques* ; elles les ont flétries, placées au-dessous de la brute : l'univers a cru reconnaître dans ce jugement la voix de la Divinité & celle de la Raison ; il a aplaudi. Pauvres mortels ! vous ne l'ignorez pas, l'infamie d'une condition n'est pas ce qui la rend moins nombreuse ; & l'effet ordinaire de l'avilissement que vous y avez attaché, quel est-il ? Consultez l'expérience ; elle vous montrera l'homme se mettant toujours au-dessous de la dépravation de l'état où il descend : avant le mépris marqué à son genre de vie, il n'eût été méchant qu'à demi ; vous avez trouvé le moyen d'en faire un scélérat. Une fille de Cythère, une Syrienne, une Prêtresse de Vénus, une Laponne vivent honnêtement après s'être prostituées ; une Francaise, une Anglaise *filles du monde*, sont des sujets perdus, des monstres que la terre devrait engloutir. La raison de cette différence ? C'est que les premières n'avaient pas cru s'avilir ; & que les secondes, résolues d'entrer dans un état où elles sont sûres de n'avoir plus rien à attendre de leur

sexe qu'un dédaigneux abandonnement, &
de toute la société qu'un rigoureux mépris,
pour s'y rendre insensibles, ont dégradé leur
existance par tous les vices qui abâtardissent
l'âme. Rien de plus aisé que de flétrir, & rien
de plus funeste dans ses effets, non-seulement
pour les individus avilis, mais pour tout le
Genre-humain. Si c'est-là une vérité certaine
même à l'égard des *Prostituées*, que dirais-
je des professions utiles, du *Théâtre*, par
exemple ? Mais on doit en parler ailleurs.

 Telle est la *Prostitution* chez les Nations modernes. C'est un état vil, devenu
contraire à la population, que dans son
institution il avait du favoriser; destructif des
bonnes mœurs; dangereux pour la santé, pour
la vie même, dont il attaque les sources; exer-
cé par des *louves* affamées pour qui rien
n'est sacré, & qui nous rendent avec usure
tout le mal que leur font les Loix : & ce sont
aussi les inconvéniens que le PORNOGRAPHE
cherche à diminuer.

 Avilies, flétries, chassées, souvent inhumainement punies, les *Prostituées* sont en plus
grand nombre que jamais : c'est une triste vé-

rité, dont il n'est pas permis de douter. Mais quelles furent les causes de la renaissance de la *Prostitution moderne*, que l'asservissement de presque toutes les Nations par les Barbares du Nord, avait fait disparaître assez généralement? L'extrême *inégalité* qui l'avait assoupie, la reproduisit : les Nobles, par leurs infames droits de *Culetage*, de *Jambage*, de *Prélibation*, ôtèrent à leurs Vassalles la première fleur de l'honnêteté des mœurs. Souillée par son Maître, une jeune femme s'abandonna souvent à d'autres. Les progrès du vice sont rapides. La *Prostitution* reparut. Jetons un coup-d'œil sur toutes les nations connues : il n'en est aucune que la *Prostitution* n'ait souillée, & où le mal d'*Haiti* ne l'ait suivie.

Les *filles publiques* sont plus rares dans les États des Princes Asiatiques, que parmi les Nations Chrétiennes; par les raisons que j'en ai données plus haut : l'on en trouve néanmoins dans les grandes villes d'Orient, sur-tout dans celles qu'un port de mer rend plus commerçantes & plus fréquentées par les Étrangers : ce sont quelques infortu-

nées, filles de ces Grecs avilis par le Musul‑
man. Des Juifs, des Navigateurs Européens,
des Chrétiens du pays sont les seuls qui les
visitent : c'est la raison pour laquelle les
maladies Vénériennes font très-peu de rava‑
ges dans les États du Grand-Seigneur & des
autres Potentats de l'Asie. Les Musulmanes *Voyez pag. 64.*
ne se prostituent pas : mais les mœurs y ga‑
gnent-elles ? il s'en faut beaucoup : les Turcs
d'une fortune bornée ne pouvant aller chez
une Prostituée Chrétienne sans exposer leur
vie & celle de la fille publique, ont recours
à des remèdes encore plus honteux.

Je n'ai presque rien à dire de l'Amérique.
La *Prostitution* y fait encore, chez les Na‑
turels indomtés, partie du culte : les Colonies
ont les mœurs des Nations dont elles dé‑
pendent : les Esclaves font la volonté de leur
Maître : les femmes des Sauvages libres sui‑
vent l'instinct de la nature. La maladie des
Antilles est endémique dans certains cantons
de cette partie du monde ; mais elle y est
d'une curation facile. Chez les *Péruviens*,
les *Mexicains* & les *habitans des Iles civi‑
lisées*, la Prostitution *religieuse* avait dégé‑

néré en débauche lors de la découverte de leurs pays : on accusa même les deux sexes de pédérastie au Conseil d'Espagne, & ce fut un des motifs apparens de l'ordre barbare qui fut donné de les exterminer : je doute, malgré ces indications, que les Américaines fissent un métier du *Prostitutisme*: il est presque sûr qu'elles ne s'abandonnaient à tous les hommes que dans certaines occasions, & qu'elles reprenaient ensuite le train de vie ordinaire. Cette conduite est encore aujourd'hui celle que tiennent les femmes de la presqu'île de Californie, à la fête des *Peaux* & à celle de la récolte des *Pitahaïas*.

C'est donc en Europe qu'on doit chercher à voir le *Publicisme des femmes*, dans toute la turpitude & l'infamie qui doivent accompagner un état, que la Religion & les Loix réprouvent également ; suivi des desordres & des dangers qu'il traîne à sa suite.

<small>Whore, Bitche, &c.</small>

Londres serait la ville de l'Europe qui pourrait le mieux se passer de *Prostituées* publiques & par état : les mœurs d'une partie des femmes n'y sont rien moins que sévères ; des *Tavernes*, où les deux sexes peuvent également se rassembler sans scandale, offrent à celles qui veulent satisfaire un panchant trop vif au plaisir, une commodité qu'on ne trouve nulle part aussi facilement: malgré ce relâchement de mœurs, le nombre des Prostituées n'en est pas moins grand; leur impudence, qui va jusqu'à l'extrême, frappe d'autant plus, que les femmes honnêtes sont dans les trois Royaumes d'une modestie & d'une retenue qui inspire le respect, la tendresse, & jamais l'audace. La division par classes, que l'on trouvera ci-après dans l'article de *Paris*, peut également servir pour la Capitale de la Grande-Bretagne.

En *Allemagne*, les *filles publiques* sont tolérées dans les grandes villes, & chassées des médiocres dès qu'elles y sont connues. On peut dire que ce pays, & la *Suisse*, sont, en Europe, ceux qui ont conservé le plus d'innocence : aucun autre desordre n'y remplace la *Prostitution*. Qu'on ne leur en fasse pas un mérite, s'ils avaient des grandes villes, si l'on voyait chez ces peuples des fortunes immenses & trop d'inégalité, la corruption

Wœlffin, Hut, &c.

se communiquerait bientôt : il y a des cantons en France, où les mœurs sont pures ; & des villes en Allemagne, telles que *Berlin*, qui renchérissent sur Paris & Londres pour le dérèglement. La température du climat n'est qu'une faible barrière, opposée à la corruption de quelques hommes, que l'affluence de tous les plaisirs tient dans l'engouement, & qui ne peuvent réveiller leurs sens émoussés, qu'en payant au poids de l'or d'infâmes complaisances. Les maux *vénériens* & leur curation, étaient presqu'inconnus en Allemagne avant les deux dernières guerres : la Suisse serait encore spectatrice desintéressée de la plaie générale, si quelques-uns de ses enfans, qui se mettent à la solde des Puissances voisines, ne raportaient le poison dans le sein de leur mère. Mais on dit que depuis quelques années, le libertinage s'étend, & que les exemples des plus honteux desordres y deviennent moins rares. [La dépravation suit le progrès des lumières. Chose très-naturelle, que les hommes ne puissent s'éclairer sans se corrompre : les organes deviennent plus délicates, l'âme perfectionnée voit plus loin, a des desirs plus variés : dans ce nouvel état, il lui faut des plaisirs nouveaux ; ceux de la Nature sont trop simples : on les complique pour leur donner du piquant : mais tout ce qu'on ajoute à la Nature, sort de l'ordre, & devient criminel. Il n'est ni Religion ni Loix qui puissent rien changer à cette marche des mœurs ; telles qu'un fleuve grossi par les fontes des neiges, elles renversent d'impuissantes digues, qui ne servent qu'à donner plus de furie à leurs débordemens. La barbarie, & le trop d'esprit dans une Nation, sont des écueils également dangereux pour ses mœurs. Lorsque, comme à Berlin, en Angleterre, en Italie, en France, on est dans le second cas, il faut souffrir un peu de dérèglement. C'est une malheureuse nécessité, qu'on peut comparer à la retraite qu'est quelquefois contraint de faire un Général habile : jamais elle ne peut deshonorer un Gouvernement. Une règle aussi parfaite qu'impossible, vu les mœurs actuelles, serait que les jeunes-gens se mariassent dès qu'ils sont hommes. Je ne vois que les villages où cela puisse s'exécuter sans trop d'inconvéniens. Il n'est pas facile à tout le monde d'imaginer toutes les manières de débauche que la corruption des grandes villes suggère à des hommes privés de tout moyen naturel de satisfaire les besoins du tempérament : c'est ce qui fait que je ne crains pas d'avancer, qu'un *Parthénion* serait utile dans toutes les villes où il y a des Troupes ; la défense de se marier, que la discipline militaire rend de nécessité, cesserait d'être dure pour les Soldats, & ne les exposerait plus à se corrompre avec des Coureuses, dont une ou deux suffisent pour empoisonner tout un Régiment. On pourrait choisir pour les villes de guerre, ces *prostituées* Allemandes si grandes & si bien faites ; par ce moyen nos plus beaux hommes ne vivraient pas en vain pour la postérité]. Je reviens aux petites villes d'Allemagne : elles sont dans les même cas que nos villes de province du second ordre, où l'on ne voit que des *Prostituées de passage*, & le plus souvent des Malheureuses, comme celles de la *Douzième Classe* de la Capitale.

<small>Meretrice, Lupa, Putana, Bagascia.</small>   Les *Courtisannes* ont un quartier dans *Rome* chrétienne, comme elles avaient autrefois

autrefois le *Somménie*. Il s'en trouve parmi *Voyez* pag. 107. elles qui montrent de grands sentimens, unis à une rare beauté : celles-ci choisissent leur monde, ne se livrent qu'à d'honnêtes-gens, & se font scrupule de recevoir plusieurs hommes, lorsqu'un seul suffit pour leur procurer le nécessaire. En quoi elles différent beaucoup des *filles entretenues* de Paris & de Londres, qui s'affichent pour être à un seul, & qui sont à quiconque leur plaît ou les paye. Il y en a d'une autre espèce encore à *Naples*, à *Florence* & dans les principales villes d'*Italie* : ce sont des filles de la première jeunesse, qui se mettent sous la conduite d'une Vieille, connue des *Monsignori* & de vieux Seigneurs voluptueux ; cette femme les introduit chaque soir auprès du riche Vieillard, qui les renvoie après qu'elles ont satisfait des fantaisies assez étranges. Si le vieux débauché paye lui-même, la jeune fille en est quitte pour ces humiliantes complaisances ; mais s'il en charge son principal Domestiques, celui-ci, en s'acquittant de sa commission, exige autant que son maître,

II Partie. c-X

& quelquefois davantage. Dès que les attraits de ces infortunées ont perdu leur première fraîcheur, elles n'ont plus d'autre ressource que de se livrer au public.

<small>Puta, Loba.</small> Les *Prostituées Espagnoles* sont de toutes les Européennes, celles qui font le plus gravement leur vil métier. La férocité naturelle à leur Nation, les expose chaque jour à se prêter à mille fantaisies brutales, qui les dégradent plus que par-tout ailleurs. Il serait dangereux d'en citer des exemples. Mais que l'habitant infortuné du *Mexique* & des montagnes du *Potose*, serait vengé, s'il voyait les sœurs & les filles de ses tyrans, soumises à des caprices.... Il n'est peut-être aucun pays où le genre-humain soit plus corrompu. Les filles renfermées dans la maison paternelle, où elles n'ont vu d'hommes que leurs frères, en sortent souillées pour passer dans les bras de leurs époux..........
(On remarque néanmoins, que la douceur naturelle à la maison de *Bourbon*, commence à tempérer cette atrocité de

mœurs imprimée à la Nation par les Pèdre, les Philippe II, les Duc d'Albe &c.)

Je vais détailler, sous l'article des *Pro‑ stituées françaises*, ce que je n'ai fait qu'a‑ bréger pour les autres Nations.

On peut les diviser en *douze Classes*: savoir;

I. *Les Filles entretenues par un seul, qui ne tardent pas à lui donner des Associés.* Lat. *Concubina, Amica.*
Grec. *Omeunétis, Eróměn.*

Cette *première* Classe est à un taux qu'on ne peut déterminer : elle procure des plai‑ sirs qui ne sont pas toujours sûrs.

II. *Les Filles publiques par état: telles sont les Chanteuses des Chœurs, les Danseu‑ ses des Opéras, &c.* Lat. *Psaltria, Saltatrix*
Grec. *Psáltria, Orchéstria.*

Celle-ci est la plus dangereuse. (Je ne parle pas des Actrices célèbres, & cela par respect pour la vertu de quelques-unes d'entr'elles). Elles ruinent des Marquis, Ducs, des Lords; elles épuisent même des Financiers.

III. *Les Demi‑entretenues: ce sont de jeunes filles prises chez une Maman publique, qu'un homme a trouvées assez jolies pour se déterminer à en avoir soin.* L. *Meretricula.*
Grec. *Pórně‑ eutelés.*

Cette Claffe eſt moins à redouter ; mais elle eſt vile, indigne d'un homme délicat. Les Demi-entretenues n'exigent qu'un entretien *bourgeois coquet*.

[Nos Livres amuſans ſont remplis des tours qu'ont joués & que jouent ſans ceſſe à leurs dupes ces trois premières Claffes. On a tout dit des Filles de Théâtre, & de ces jeunes innocentes, auxquelles on donne une maiſon, petite ou grande. J'ajoute cependant, que la ſatyre, quelque ſanglante qu'elle ait paru, n'a jamais atteint la vérité : on m'a fait voir au-delà de tout ce que j'ai lu. Mais je fais grâce des détails aux *Entretenues*, en faveur de leur demi-honnêteté. Il me ſera néanmoins permis de dire de celles de la troiſième Claffe, qu'il eſt peu flateur de ſe charger d'une fille que mille autres ont avilie ; qui, telle que les Eſclaves Turques ou Perſanes, n'eſt fidelle, qu'en attendant l'occaſion de ne l'être pas : Comment oſe-t-on ſortir avec elle, ſe montrer aux Spectacles, aux Promenades, où l'on eſt à tout moment deſigné ? N'eſt-il pas naturel d'avoir mauvaiſe opinion d'un homme qui brave tout cela?

Reste à dire un mot à chaque article, sur la manière dont s'exerce le commerce infâme, qui serve à détromper les hommes assez heureux pour ne le pas savoir par expérience. On verra qu'on ne peut gouter de vrais plaisirs avec les malheureuses dont je vais parler. Il n'est pas de moyen plus sûr d'inspirer aux deux sexes une juste horreur de la débauche. Le vice, par lui-même, est si laid, qu'il effraie toujours, dès qu'on le présente sans les ornemens que sait lui prêter une imagination corrompue].

L. *Mercenaria.*
Grec. *ἀσελγές.*

IV. Les Filles de Moyenne-vertu, qui ne se prostituent que par interim, *dans de mortes saisons pour leurs métiers, & dans la seule vue de subvenir à des besoins pressans.*

Les Filles dont il est ici question, donnent quelquefois dans toutes les Classes inférieures; elles n'ont point de rang déterminé. (Celles - ci seraient excusables, si l'on pouvait l'être en embrassant un pareil état).

[Les libertins se font un ragoût des filles de cette Classe, lorsqu'ils parviennent à en découvrir quelqu'une. En quoi consiste donc ce plaisir vanté ? A triompher d'une fille qui languit de besoin ; qui dévore ses larmes en vous caressant (& voila les plus honnêtes) ou bien, d'une dévergondée, qui se réduit au comble de l'humiliation, pour avoir du pain à la vérité, mais sans répugnance pour le crime, comme sans goût pour le plaisir ; d'ailleurs, souvent grossière, mal-propre ? Oh ! la triste, la détestable volupté !]

Lat. *Meretrix.*
Grec. *Hetaira.*

V. Les Courtisannes, qui se font un nombre de connaissances, qu'elles reçoivent, & vont voir.

Les libertins d'une fortune bornée font entr'eux différens arrangemens, auxquels cette Classe de Filles se prêtent. J'en pourrais citer qui effraieraient le Citoyen vertueux. On dit que de jeunes Ouvrières, encore dans la maison paternelle, ont eu deux, trois, & même jusqu'à six *Amis*, à un prix modique par semaine.

[Celles-ci offrent au libertinage quelque chose de plus piquant & de moins fastidieux : toujours propres, élégantes même ; ordinairement ce qu'on appelle *sensibles* en termes de débauche, elles peuvent émouvoir les sens : mais le cœur, mais l'âme jamais, jamais ; le pouvoir de leurs attraits ne va pas jusques-là. Eh ! qu'est-ce que l'amour, réduit au physique des sens ?... O malheureux, sois honnête, laisse attendrir ton cœur pour un objet estimable, & je te ferai juge dans ta propre cause. Tu jouis, dis-tu ? Insensé, eh de quoi ?..... Tu trembles ! Il n'est plus tems, le poison pris hier chez un autre, circule aujourd'hui dans tes veines !........ & tu l'as mérité].

VI. Les Femmes du monde, à qui des Vieilles amènent chaland, & qui, lorsqu'elles sortent, n'affichent pas leur état.

Lat. *Lupa.*
Grec. *Lucaina.*

On affectionne particulièrement dans cette Classe, les Vieillards sagement débauchés.

VII. Les Demoiselles chez les Mamans *,

Lat. *Juvenca.*
G. *Hetairidion.*
* Lat. *Læna.*
Grec. *Mastropòs.*

qu'on met en réserve pour les Vieillards, ou autres, qui paient cher. On conduit quelquefois celles-ci à la campagne, chez de riches Débauchés.

Lat. Scortum.
Grec. Porné.

VIII. Les Racrochantes, mises sur le bon ton. Cette Classe, ainsi que les Mamans, a plus d'un emploi. Les unes & les autres sont un écueil dangereux pour les gens astreints à la réserve.

Les Filles de cette espèce, pour l'ordinaire dans l'âge mûr, sont un peu plus raisonnables que le reste; elles montrent plus de retenue dans leur conduite, se tiennent bien, ont un homme vil auquel elles donnent le nom d'*Ami*, que ces bouches infâmes jugent à propos de profaner, comme elles ont fait long-tems celui d'*Amant*.

Lat. Scortillum.
Grec. Pallákion.

IX. Les Boucaneuses. Ces filles vivent comme celles de la septième Classe, chez des Mamans; mais elles sont au premier-venu, & racrochent pour elles-mêmes. Elles courent de mauvais lieu en mauvais lieu.

Ces infortunées mènent une vie trèscrapuleuſe & fort triſte, ſans beaucoup de profit pour elles, les *Mamans* leur feſant payer leurs penſions, les habits & le linge qu'elles leur louent, aſſez cher pour qu'il ne leur reſte rien en expoſant à chaque inſtant leur ſanté pour ces infames: ſouvent elles extorquent quelque choſe à force de ſollicitations; cet excédent eſt pour elles.

X. Les Racrocheuſes. Elles ſont aſſez mal logées en chambres garnies, & ſujettes à bien des inconvéniens du côté de la Police. Celles-ci ſont quelquefois chez des Mamans de leur Claſſe. Le tout n'eſt pas fort en ſureté. Lat. Palæſtrica. G. Palaiſtrités.

Rien ne prouve davantage à quel point la paſſion nous égare que le courage qu'ont des hommes ſouvent bien élevés, de ſuivre une malheureuſe de la lie du peuple, dans un taudis poudreux où ils n'oſent s'aſſeoir. On leur préſente pour ſatisfaire leur brutalité, un objet mal propre, & plus mal ſain: tout ce qu'on voit dégoûte; & s'il était poſſible qu'une créature de cette Claſſe eût quelques attraits, son entretien, ses manières détruiraient bientôt l'illusion. O mortels ! voulez-vous voir l'humanité au dernier période de la dégradation, suivez une de ces misérables dans sa retraite immonde ; un homme qui pense n'aura là rien à craindre de ses passions ; il n'éprouvera qu'un sentiment de douleur, de pitié, mêlé d'indignation.

<small>Gr. *Chamaitûpé.* Lat. *Putida*; mot dont on a formé dans les langues modernes, *Put.....* *Putana*, *Puta*.
* Ce mot vient de l'anglais *Queen* (qouîne) Reine, nom qu'on leur a donné par dérision.</small>

XI. Les Gouines * : *elles sont mises en casaquin, ou en petite robe, & pour l'ordinaire assez dégoûtantes.*

Les filles de cette Classe renchérissent encore sur la dixième : on s'étonne quelquefois que de pareils monstres vivent aux dépens des hommes.

<small>Lat. *Prostibulum*, parce qu'elles se tenaient dans les rues sales & détournées, où se trouvaient les étables (*stabula*) ; & que les fumiers leurs servaient de bergères, de sofas, &c.
Grec. *Ergazoméné.*</small>

XII & dernière. Les Barboteuses : ce sont des malheureuses qui se trouvent le long des maisons & dans les rues peu fréquentées ; qui n'ont pour logement que des galetas dans les fauxbourgs, où elles ne conduisent personne ordinairement. Elles sont très-dangereuses pour les hommes de peine qui s'y arrêtent, & qu'elles infectent du poison vénérien.

Il faudrait à ces malheureuses un nom *Voyez page 49.*
plus vil encore : laides, dégoûtantes, crapuleuses, elles attirent pourtant l'attention d'une foule de pauvres Artisans, Serruriers, Taillandiers, Maréchaux, Maçons, Manœuvres, Porteurs - d'eau, &c. qui ne sont pas mariés.

[Il faut renfermer dans un même tableau *Voyez le tableau*
ces sept dernières Classes. Échauffé par *opposé à celui-ci,*
le tempérament, ému par la vue conti- *pages 38-44.*
nuelle de femmes qui lui plaisent ; un homme sent naître des desirs inquiets, pressans, & souvent impétueux : malgré lui, en dépit de la raison, la nature cherche à se satisfaire ; dans ce moment, il voit une Prostituée : ce sont les mêmes attraits qui l'ont charmé : son imagination lui peint les plaisirs de la nature : il ressent des transports ; il se flate de les faire partager à celle qui les excite : il l'aborde : l'accueil de ces infames est presque toujours doux : il la suit : on le cajolle, jusqu'à ce qu'il ait payé : cependant s'il diffère trop, on le presse : dès que la

Prostituée a reçu son salaire, elle ne s'occupe plus que d'une chose, c'est de se débarrasser promptement de l'homme. Si quelquefois, une bouche assez jolie paraît demander un baiser, une haleine infecte en éloigne aussitôt. Son cœur toujours de glace, son impatience lorsqu'elle se voit trop tourmentée chasseraient Vénus de *Paphos* & de *Cythère*. Mais, accorde-t-elle la dernière faveur, c'est alors que le danger devient plus grand, & que la nature outragée jusques dans son sanctuaire, punit de criminelles voluptés . . . .
. . . .
. . . . Telles sont les *Prostituées* Françaises, & voila la séduisante amorce qu'elles présentent ! Encore si l'on en était quitte pour payer assez cher, sans éprouver le genre de satisfaction qu'on se promettait ! mais presque toujours une froide jouissance a des suites affreuses : on est puni du plaisir qu'on n'a pas goûté : les regrets n'en doivent être que plus amers.

M. *de Voltaire* donne, en badinant, un moyen d'expulser le virus, en employant contre lui les 1,200,000 de Troupes que l'Europe en paix tient sur pied. On pourrait au moins s'en servir pour faire une recherche aussi exacte que sévère de toutes les Prostituées, & les obliger de se renfermer dans les Parthénions. Deux avantages résulteraient de cette réforme : Le virus disparaîtrait insensiblement : le Prostitutisme deviendrait de jour en jour plus rare; que sait-on ? il pourrait s'anéantir même à la longue.

Voyez cette Lettre, imprimée dans les Notes du Roman intitulé : *Le Pied de Fanchette*, 3e *Partie*, chez *Humblot*, libraire, rue *St-Jacques*, près *S. Ives*.

Lorsque le mal vénérien commença à se manifester en Europe, on le regarda comme une espèce de peste : un Arrêt du 6 mars 1496, défend aux Vérolés, sous une peine capitale, tout commerce avec les personnes saines. On leur fesait des aumônes & on les séquestrait comme des Lépreux.

(B)

Les femmes, chez les anciens Grecs & Romains, ne vivaient pas comme les Françaises ou les Anglaises; on connaît la sévérité des loix que *Romulus* leur imposa. Il était sans doute réservé aux deux Nations les plus illustres & les plus éclairées qui ayent jamais existé, de rendre à la plus belle

(B) I Partie, pag. 72.

moitié du genre humain des droits trop longtems usurpés. Ces Nations ont surpassé la piété si fameuse des Romains envers leurs mères & leurs épouses: les traiter d'égales, est bien plus que de se rendre à leurs prières, ou de les protéger. Cette conduite raisonnable rapproche les deux sexes, fortifie les liens qui les unissent, & semble avoir banni les vices honteux qui infectaient les Grecs & les Romains, vices dont leurs propres Auteurs cherchaient à les faire rougir. *Voyez* Martial, *Épigrammes 51 liv. II; 71, 73 & 75 l. III; 50 l. VI; 45 l. VIII; 7 l. IX; 25 l. XI;* Pétrone, Juvénal, Suétone, &c.

Les femmes honnêtes peuvent seules prévenir une foule de desordres, inévitables sans elles: tout parle en leur faveur: elles ont les grâces, plus provoquantes que la beauté; qu'elles cessent d'être vaporeuses, exigeantes; qu'elles deviennent sincères, tendres, moins volages, plus *sensibles*, elles vont tout soumettre au charme invincible de ces apas destinés par la Nature à nous captiver; & nous leur devrons, avec une félicité réelle, l'honnêteté de nos mœurs.

(C)   (C) I Partie;
                                          pag. 83.

Entre plusieurs exemples, que m'a fournis un jeune Médecin, j'en vais choisir un seul, dont je supprimerai les détails.

... Un jeune-homme établi depuis quelques années dans cette ville, vint me prendre pour aller à la promenade. Nous traversions ensemble le pont S......... lorsqu'il passa près de nous une très-jolie femme, qu'accompagnait un homme bien vétu, & qui paraissait encore à la fleur de l'âge. La beauté de cette Dame nous frapa. Sur le soir, nous nous trouvames vis-à-vis un Couvent de Vénus.... Mon ami, qui pour lors n'était pas un modèle de sagesse, eut un entretien avec l'Abbesse. Au bout d'un moment, il vint me rejoindre, & m'aprit ce qu'était celle que j'avais prise pour une connaissance ordinaire : il me dit qu'elle lui ménageait une de ces avantures, inconnues partout ailleurs que dans les Capitales, & qu'il devait se rendre chez elle le soir même. Je fis ce que je pus pour l'en dissuader, & lui inspirer une juste horreur de ces infâmes endroits. Mais le voyant obstiné dans sa résolution, je le quittai de fort bonne heure.

Au milieu de la nuit, on vint me dire qu'on frapait à ma porte à coups redoublés. J'ordonnai qu'on ouvrît, & je me disposais à m'habiller, lorsque mon imprudent ami s'offrit à ma vue, mais bien différent de lui-même ; il était pâle, défait, abbatu; il pouvait à peine se soutenir : son état m'effraya. Je lui donnai des cordiaux, & le fis mettre au lit. A son réveil, il me raconta son avanture ; & ce fut avec la dernière surprise que j'appris de sa bouche, qu'il avait passé la nuit dans un endroit qu'il me nomma, avec cette même femme que nous avions admirée la veille.

Le Projet que j'indique, détruira la malheureuse facilité que trouvent à se satisfaire, les femmes qui se livrent à d'aussi honteux dérèglemens.

(D)

(D)   (D) I Partie, pag. 84.

Le Jeune-homme dont il est parlé dans la Note précédente, racontait à son ami, qu'un jour, sur les cinq heures du soir, ... suivit, au hazard, une Vieille dans un lieu de débauche. . . . Il ne tarda pas à s'apercevoir que la jeune fille, qu'on lui avait présentée, n'était pas du couvent. Il prit différens moyens pour la connaître. . . . . L'occasion l'ayant favorisé, il la vit sortir un jour de la maison de ses parens, sur les neuf heures du matin, un livre de prières sous le bras : il vole sur ses traces : elle traverse rapidement une Église, enfile une petite rue, & se glisse. . . . chez la Vieille. . . . .

Le jeune-homme la vit plusieurs fois de la même manière. . . . Mais il ne jouit pas de sa prétendue bonne fortune, aussi long-tems qu'il l'aurait souhaité. Un jour qu'il passait, suivant sa coutume, dans la rue de la sage personne, il remarqua beaucoup

II Partie.   d·Y

de carrosses à sa porte. A dix heures, il la vit sortir élégamment parée, belle comme un ange, coîfée du symbole de la pureté : elle allait jurer une éternelle constance à un jeune amant, qui paraissait ivre de son bonheur. . . . (3).

(3) *Dicis formosam, dicis te, Bassa, puellam;*
Istud quâ non est dicere Bassa solet.
Mart. L. V, Epig. 46.

Ce mensonge n'est plus de mode; nos filles ne parlent jamais d'elles-mêmes.

(E)

(E) I Partie, pag. 84.

Un homme fut introduit dans un lieu de débauche par une de ces femmes qui recueillent les passans. A son arrivée, il y avait beaucoup de trouble dans la maison ; de sorte qu'il se vit dans l'impossibilité de sortir, & que prudemment il ne devait pas se montrer. Ce particulier prit le parti que lui suggéra celle qui l'avait amené ; il se retira dans un cabinet, dont la porte vîtrée donnait sur une pièce, où plusieurs libertins s'étaient rassemblés autour de deux filles fort jeunes, & assez jolies, qu'ils avaient fait mettre nues...... Elles étaient attachées... Une cruelle précaution étouffait leurs plaintes......... (Je suprime d'autres circonstances plus révoltantes)............ Ils poussèrent la barbarie si loin, que craignant que l'Abbesse & cette femme qui venait d'entrer, ne s'échapassent pour apeler du secours, ils les lièrent l'une & l'autre aux pieds du lit. Le *malencontreux* qui était venu chercher le plaisir dans cette maudite maison, frissonna d'horreur. Il vit mille choses monstrueuses & dégradantes..... Enfin ce cruel spectacle cessa. Mais avant de sortir, ces infames eurent l'inhumanité de piquer légèrement avec leurs épées, les deux malheureuses qui étaient à leur discrétion. Elles ne pouvaient crier, mais on entendait un gémissement sourd; qui avait quelque chose d'affreux; on voyait les larmes couler abondamment le long de leurs joues, & se mêler avec des gouttes de leur sang...........

(F) I Partie, pag. 85.

(F)

On pourrait faire de très-beaux raisonnemens sur la faculté d'*aimer sans cesse*, soit un objet, soit un autre, particulière à l'espèce humaine. Pour quiconque envisage l'*amour* ainsi qu'un liniment toujours prêt, non-seulement à adoucir nos peines comme l'amitié, mais à en suspendre le sentiment, à en effacer l'impression, à la détruire entièrement; l'*amour*, dis-je, considéré de ce côté-là, est sans doute le plus précieux des dons de la Divinité, & comme l'antidote d'une triste & prévoyante raison. L'homme a le malheur de savoir qu'il mourra : il a même l'orgueil de croire que de tous les êtres vivans il est le seul qui le sache [& tant-mieux pour les pauvres animaux, qui n'ont pas les mêmes moyens que nous de s'étourdir là-dessus] il a donc deux besoins de plus qu'eux, celui de vivre en société, pour que la vue de ses semblables le tienne presque toujours hors de lui, que leur exemple l'encourage, le console; &

d'un sentiment qui répande l'ivresse dans son cœur, lorsqu'il est forcé d'y descendre. L'ivresse naturelle de l'amour, autant & plus que celle du vin, que celle de la gloire, que les transports bouillans de la fureur, fait mépriser la mort: le sentiment, les passions les plus violentes ou les plus déraisonnables, nous sont utiles & nécessaires contre notre faible raison. Oh! de quels préservatifs nous aurions besoin, si, par exemple, ses lumières nous fefaient lire dans l'avenir! Il faudrait à nos corps une constitution plus forte; que les végétaux & les autres alimens destinés à entretenir la vie eussent des sucs plus puissans; que tout le système de la nature fût changé; c'est-à-dire que notre globe ne fût plus comme il est, ce qu'il est, ni où il est, & que nous fussions plus qu'hommes; autrement le choc des passions nécessaires pour l'équilibre, détruirait nos organes. *Nos lumières sont si courtes!* disent les plus éclairés d'entre les hommes; tandis qu'un paysan grossier croit les siennes aussi étendues qu'elles peuvent l'être: c'est que le dernier est dans la place naturelle à l'homma, au-dessous de la nature; & que le premier s'est élevé au-dessus: le paysan est un enfant dans le fond d'un vallon, qui croit voir tout l'univers, & que les collines touchent les nues; le savant est un homme fait, au sommet des Alpes, qui découvre un horison immense, & qui s'irrite de ce que la faiblesse de ses organes ne lui laisse qu'apercevoir ce qu'il voudrait distinguer. Le plus heureux des deux? La raison dit que c'est le paysan. Une question qui se présente d'elle-même, c'est de savoir, si la manière de vivre, dans les nations policées, n'a pas étendu la faculté d'aimer; si les loix de la pudeur, les grâces que la parure ajoute à la beauté des femmes, la *succulence* des alimens ne l'ont pas rendu continue cette faculté? c'est mon avis du moins.

« Un célèbre Philosophe de nos jours, » examine dans son *Histoire Naturelle*, pour-» quoi l'amour fait le bonheur de tous les » êtres, & le malheur de l'homme. Il répond, » que *c'est qu'il n'y a dans cette passion que* » *le physique de bon; & que le moral, c'est-* » *à-dire le sentiment qui l'accompagne*, n'en

» *vaut rien*. Ce Philosophe n'a pas prétendu
» que le moral n'ajoute pas au plaisir physi-
» que, l'expérience serait contre lui; ni que
» le moral de l'amour ne soit qu'une illu-
» sion, ce qui est vrai, mais ne détruit pas
» la vivacité du plaisir (eh combien peu de
» plaisirs ont un objet réel !) il a voulu dire
» sans doute, que ce moral est ce qui cause
» tous les maux de l'amour; & en cela, on
» ne saurait trop être de son avis. Concluons
» seulement de-là, que si des lumières supé-
» rieures à la raison ne nous promettaient
» pas une condition meilleure, nous aurions
» fort à nous plaindre de la Nature, qui,
» en nous présentant d'une main le plus sé-
» duisant des plaisirs, semble nous éloigner
» de l'autre, par les écueils, en tout genre,
» dont il l'a environné, & qui nous a, pour
» ainsi dire, placés sur le bord d'un préci-
» pice, entre la douleur & la privation ».

Justifions la Nature & l'Amour; ni la
première ni le second ne sont coupables:
c'est encore l'*inégalité* qui a fait tout le mal:
Parfaitement égaux entr'eux, les animaux
aiment sans préférence; la jeunesse & la

beauté de la forme, dans les femelles, n'ajoutent aucun degré à l'empressement des mâles. Il est certain, par la connaissance que nous avons des mœurs de certaines peuplades de l'Amérique, qu'il en dut être de même parmi les premiers hommes : toute femme leur était bonne ; celle-ci, par un sentiment propre à son sexe, se défendait toujours un peu, & finissait par se soumettre à son vainqueur. Tout se bornait alors à l'appétit des sens, & l'homme, loin d'y gagner, y perdait les deux tiers de son bonheur. Mais un sentiment plus doux, caché dans son âme, cherchait à se déveloper : la beauté devait le faire naître : parmi des créatures malheureuses, qui trouvent difficilement leur subsistance, telles, par exemple, que les *Californiens*, cet avantage n'existe pas ; Vénus & les Grâces peuvent-elles caresser un face hâve, des yeux ardens, inquiets ; un teint, une gorge couverts de poussière, brûlés par le soleil, & devenus comme écailleux par l'intempérie des saisons ? La beauté ne dut commencer à distinguer les femmes, que lorsque le genre humain eut le néceffaire. Ce fut alors que naquit ce goût de préférence, qui feul depuis a porté le nom d'amour. Mais le choix fut durant longtems le privilége de l'homme : le fexe timide, content de voir en celui à qui on le donnait, fon défenfeur & fon apui, n'avait d'autre penchant que fon devoir. Tranquille fpectatrice du combat entre deux fiers rivaux, & fûre d'avoir un héros pour époux, *Déjanire* eût aimé *Achéloüs* vainqueur d'*Alcide*. Les deux premières fources de l'inégalité entre les hommes, furent la Religion & l'Héroïfme : la déférence qu'on eut pour les premiers Prêtres, comme interprètes des Dieux, devint bientôt foumiffion : les Héros, particuliers hardis, injuftes, fcélérats, achevèrent la dégradation du genre humain : ils extorquèrent par la crainte, les mêmes hommages que la perfuafion fefait rendre aux Miniftres de la Divinité : ceux qui voulurent s'en défendre, furent réduits encore plus bas, on en fit des Efclaves. Nous voici parvenus au dernier degré d'inégalité : l'aifance règne, la difproportion des fortunes est immense, la beauté brille de la fraîcheur du repos, de l'éclat de la satisfaction & de celui de la parure: l'Esclave, auquel de tous les avantages de son être, il n'est resté qu'un cœur sensible, en levant son dos courbé, pour essuyer la sueur qui dégoute de son front, voit la fille de son tyran; les fleurs de la jeunesse embellissent son visage; tandis qu'il l'admire, elle laisse tomber sur lui un regard, marque expressive de la compassion qu'il lui inspire; l'infortuné baisse la vue, & reprend ses travaux: mais son âme est blessée; il se consume d'inutiles desirs; la fille du tyran lui a fait plus de mal que le tyran lui-même, & son malheur est complet. On peut comparer, du plus au moins, les suites de l'inégalité, dans les autres degrés de la fortune. Mais le mal devint tout-d'un-coup extrême, lorsque les femmes se crurent permis de choisir leur maître, sur lequel la modestie, dans des tems plus reculés, ne leur permettait pas de lever les yeux. L'homme fut malheureux par un sentiment semblable à celui qui lui fait desirer les richesses, les honneurs, tous ces biens dont la possession est enviée, & l'acquisition difficile. Fut-ce le vice de l'Amour & la faute de la Nature? Non: cette prétendue subordination admirable des rangs & des fortunes, tant vantée par de vils adulateurs, est la source de tout le mal moral qu'on remarque dans la société ! En finissant cette note, je reviens aux animaux : est-il bien sûr qu'ils n'aient de la mort aucune idée de prévision ? je ne crois pas facile d'en fixer l'étendue, mais je pense que le soin de conserver sa vie, & l'idée de la destruction sont inséparables. Si les animaux, connaissent le danger, s'ils le fuient, s'ils l'évitent avec adresse, ils prévoient la mort, au moins d'une manière instantanée & confuse: d'où proviendraient ces mugissemens du taureau, lorsque ses narines éventent le sang d'un animal de son espèce dévoré par des bêtes carnassières ? qui causerait au cochon cette frayeur excessive, lorsqu'il aproche de quelque reptile venimeux, ou qu'il entend les éclats du tonnerre ? les chasseurs connaissent les ruses que la crainte de la mort suggère au gibier : & j'ai observé que l'effroi de la brebis, en présence du loup, était si grand, que sa prunelle se ternit, & qu'elle va tournant sans voir, durant plusieurs minutes. Les animaux sont moins bêtes qu'on ne pense, & n'en sont que plus malheureux.

(G) I Partie, pag. 85.

(G)

« Je fus apelé, (me disait il y a quelque tems un jeune Médecin) chez la **, » pour une fille assez jolie, que je connaissais. On me dit qu'elle était dangereusement malade : je présumai que son indisposition était une des *suites ordinaires* » de son malheureux métier............
» Je la trouvai dans un état affreux....
» Un homme, auquel elle venait de faire » goûter les plaisirs de l'amour, avait » voulu la contraindre...............
» Elle refusait absolument .... ce forcené » lui saisit le bout du sein avec tant de force, qu'elle s'évanouit. Il la laissa dans cet » état, & sortit de la maison.
» Je la fis panser devant moi ; le mam» melon était presque détaché ; le Chi-

» rurgien desespérait de la guérison :
» mais j'augurai mieux de sa blessure,
» & cette fille est effectivement réta-
» blie. Ce qu'il y a de plus heureux
» pour elle, c'est que cet accident l'a si
» fort effrayée, qu'elle a consenti que je
» la mîsse en apprentissage ; proposition à
» laquelle elle avait toujours éludé de se
» rendre, sous différens prétextes.

Voyez Martial, Épigram. 79 du Livre II.

(H)

(H) I Partie,
pag. 86.

« Une jeune personne fort aimable &
» fort douce, dont je connaissais beau-
» coup les parens (disait encore le jeune
» Médecin qui m'a fourni les traits que
» j'ai raportés) fut contrainte par eux
» d'épouser un homme qui avait été
» très-débauché. Il était riche, & la De-
» moiselle n'avait pas de bien. Elle fut
» ainsi un triste exemple des mariages que
» l'intérêt seul a décidés. Son mari, non
» content de se plonger dans l'ivrognerie,
» reprit encore ses anciens déréglemens.

» Un jour elle me fit apeler : je la crus
» indifposée ; j'y volai. Plufieurs fois,
» durant notre entretien, je la vis prête à
» laiffer couler des pleurs qu'elle s'éfor-
» çait de retenir. D'ailleurs, elle ne fe
» plaignit que de vapeurs, d'inquiétudes,
» d'une trifteffe involontaire. Je mis tous
» mes foins à la calmer ; je m'apperçus
» bientôt que je ne fefais qu'aigrir fa
» peine. Comme d'autres vifites m'ape-
» laient, j'alais me difpofer à la quitter,
» lorfqu'elle me conjura, avec mille inf-
» tances, de demeurer jufqu'au retour de
» fon mari. Je fus auffi furpris de cette
» prière que je l'avais été de fa douleur.
» Nous nous entretînmes le refte du jour,
» fans qu'elle laiffât rien échaper qui pût
» m'inftruire. Enfin nous entendîmes mon-
» ter fon mari, & nous connumes qu'il
» n'était pas feul. —Ah ! le malheureux,
» me dit alors la jeune Dame, il accom-
» plit la menace qu'il m'a faite.... Mon-
» fieur, ajouta-t-elle, je connais votre
» difcrétion, & l'honnêteté de vos fen-
» timens. Je vous conjure de ne pas for-

» tir d'ici. En même tems elle me mon-
» tra un petit cabinet, & me pria de
» m'y renfermer, lorfque l'heure de me
» retirer ferait venue : elle ajouta à la
» hâte, que mon fecours lui ferait né-
» ceffaire pendant la nuit. Je promis de
» lui accorder cette fatisfaction, ne fachant
» encore à quoi tout cela devait aboutir. Le
» mari paraît : une petite perfonne que
» l'impudence la plus décidée n'empêchait
» pas d'être fort gentille, l'accompagnait. Il
» parut furpris de me voir : cependant
» il me fit de grandes démonftrations d'a-
» mitié, & nous nous mîmes à table. Ma
» préfence évita, durant le fouper, à fa
» malheureufe époufe, mille mortifica-
» tions qu'il s'était promis de lui faire
» effuyer. Il but largement, & fe plai-
» gnait fouvent de ce que je ne lui fefais
» pas exactement raifon. Lorfque je m'a-
» perçus qu'il était tard, je pris congé
» d'eux. La jeune Dame me fuivit. Nous
» ouvrîmes la porte ; mais au lieu de for-
» tir, j'entrai dans le cabinet, comme
» nous en étions convenus.

« J'y étais à peine, que j'entendis, avec
» autant de surprise que d'indignation,
» qu'il ordonnait à son épouse de rendre
» les services les plus bas à la misérable
» qui venait la braver : il lui dit qu'il
» voulait qu'elle fût témoin des plaisirs
» qu'il allait goûter avec sa méprisable
» rivale. Cette pauvre femme obéissait,
» & ne répondait rien : mais lorsque son
» indigne mari fut au lit, elle se jeta dans
» le cabinet où j'étais : elle y passa la
» nuit, malgré les menaces, & les efforts
» qu'il fit pour enfoncer la porte. J'eus
» besoin de toute ma vigueur & de toute
» mon adresse pour l'empêcher d'y réussir.
» Il se découragea, & retourna dans les
» bras de celle qu'il avait amenée. Lors-
» que cet abominable homme se fut livré
» à toute sa brutalité; il s'endormit. Ce fut
» alors que je demandai à la jeune Dame, si
» de pareilles scènes arrivaient souvent, &
» pourquoi elle n'en avertissait pas ses pa-
» rens ? Voici ce qu'elle me répondit:

» *Vous voyez, Monsieur, que je suis la*
» *plus infortunée des femmes : cependant*
vous

» vous ne connaissez pas encore tout ce que
» j'ai à souffrir : mes parens, qui devraient
» me consoler, me protéger, mes dénaturés
» parens, prévenus par mon mari, me re-
» butent, m'accusent de mensonge : ils re-
» fusent de s'assurer par leurs propres yeux
» de la vérité de ce que je leur dis : ils ré-
» pètent à mon mari les plaintes que je
» leur ai portées de sa conduite, & m'en
» font maltraiter. Mais ce n'est pas encore
» là le plus grand de mes maux : accou-
» tumé à ne voir que ces indignes créatures
» qui font trafic de la pudeur, mon mari exige
» de moi des bassesses (4). J'ai été contrainte de
» fuir la nuit passée, pour me dérober à ses em-
» portemens, & de m'enfermer dans ce cabinet.
» Il est sorti ce matin, en me disant d'un ton
» railleur qu'il voyait bien que j'avais be-
» soin de leçons, qu'il m'en ferait donner
» qui banniraient mes sots scrupules, &
» que le soir même une autre, plus com-
» plaisante, que moi occuperait ma place,
» que je songeasse à la respecter comme
» une maîtresse. . . . . . . Sans vous,
» Monsieur, ajouta-t-elle, je n'avais
» d'autre ressource que de chercher à m'en-

II Partie. e-Z

» fuir encore, pour errer à l'avanture pen-
» dant la nuit; si je n'avais pas voulu de-
» meurer exposée à tout ce que m'eussent fait
» souffrir un cœur aussi corrompu que celui
» de ce tyran, & l'insolente de l'indigne
» créature que vous avez vue.

» Je fus touché du sort d'une femme
» aussi vertueuse qu'elle était aimable. Je
» la conduisis chez ses parens dès le ma-
» tin, tandis que son mari dormait en-
» core; je leur peignis le sort affreux de
» leur fille sous les couleurs les plus vives.
» La nature se réveilla dans leur cœur;
» je sus les persuader: ils furent touchés
» des larmes d'une infortunée qui les
» avait toujours tendrement aimés. Ils
» ont consenti qu'elle quittât son mari
» sans éclat: & quelques jours après, une
» Dame de condition très-respectable,
» retirée dans un Couvent, s'en est faite
» une compagne qui lui devient tous les
» jours plus chère.

―――――――――――――――

(4) Un Romain disait à sa femme :
Uxor, vade foras, aut moribus utere nostris;

[339]

Non ego sum Curius, non Numa, non Tatius.
Me jucunda juvant tracta per pocula noctes;
Tu properas potâ surgere tristis aquâ *
Tu tenebris gaudes; Me ludere teste lucernâ
Et juvat admissâ rumpere luce latus.
Fascia te tunicaque obscuraque pallia celant:
At mihi nulla satis nuda puella jacet.
Basia me capiunt blandas imitata columbas;
Tu mihi das avia qualia mane soles.
. . . .
. . . . *Dabat hoc Cornelia Graccho,*
Julia Pompeio, Porcia, Brute, tibi.
Si te delectat gravitas, Lucretia toto
Sis licet usque die; Laida nocte volo.
Mart. L. XI, Epig. 105.

* Une loi de Romulus portait peine de mort contre les femmes convaincues d'avoir bu du vin pur.

Ce double tableau de la vie chaste, innocente, frugale des anciennes Romaines, & de la conduite débordée des hommes du siècle de Néron, offre un contraste admirable: mais en même-tems, c'est, je crois, ce que la corruption du cœur humain pouvait produire de plus licencieux. On voit dans cette Epigramme l'abus des plus grands noms joint au blasphème contre les Dieux. Non, je le répète, nous n'en sommes pas encore venus (du moins ouvertement) à ce degré de perversité. Il fallait bien que les femmes, quoi

Z 2

que très-belles dans ces siècles reculés, ne connussent pas l'art de plaire aux hommes & de se les attacher, dans le même degré que celles de nos jours. Quelques-unes d'entr'elles fesaient de fortes passions, mais le beau-sexe en général n'avait pas ce charme inexprimable, que la liberté lui donne chez les deux premières Nations de l'univers.

Les Romains dont nous parlons ne sont pas ceux du temps des Cincinnatus, des Régulus, des Fabius & du premier Caton ; longtems avant Martial, le *Divin Auguste* avait fait des vers comme on n'en fait guère.

Martial, Montagne & M. de Voltaire ont raporté ces vers.

Antoine n'écrivait pas plus modestement à ce même Auguste, auquel Horace donne les louanges les plus délicates sur la pureté de ses mœurs & la sagesse de ses loix.

Voyez Suétone, V. d'Auguste, ch. 69.

¶ J'ai présenté quelques Epigrammes du poète Martial, & d'autres passages, de manière qu'ils ne pussent effrayer mes Lecteurs. Je m'en serais abstenu tout-à-fait, s'il ne m'avait paru nécessaire, consolant même pour notre siècle, de prouver à ses détracteurs, qu'il est aussi supérieur à l'Antiquité par la pureté des mœurs que par ses lumières. Tous nos avantages sur les Anciens sont dus aux femmes. Ces goûts frivoles en apparence, ces modes si séyantes & si variées, en augmentant leurs grâces, attachent les hommes, les préservent de ces égaremens grossiers contre lesquels la Religion est trop faible, & que la Philosophie ne fit jamais éviter.

Addition pour la page 304 après le mot Capitale.

Tout le monde connaît les *Musico* de Hollande; espèces de Caffés, où de prétendues innocentes, se vendent le plus cher qu'elles peuvent, en protestant que la nécessité seule les porte à une action dont elles gémissent. Excuse usée, & moins admissible à *Amsterdam* où à la *Haie*, que par-tout ailleurs.

Hoer

(I)

(i) I. Partie,
page 93.

« Nous approchions de la Capitale,
» racontait le même jeune homme, très-
» fatigués, & plus ennuyés encore, de no-
» tre séjour dans un coche renommé pour
» sa lenteur, lorsque nous fumes recru-
» tés par deux jeunes personnes assez
» jolies : la premiere paraissait avoir en-
» viron vingt-quatre ans, & la seconde
» dix de moins. Cette derniere avait l'air
» si vive, si hardie, en un mot, si *faite*,
» que malgré la modestie de sa conduc-
» trice, elle m'inspira d'abord quelque
» défiance. Mais ces légers soupçons fu-
» rent bientôt détruits. Je m'entretins
» quelque tems avec mademoiselle *Lebrun*
» (c'est ainsi que la petite *Angélique* nom-
» mait sa maîtresse) & tout ce qu'elle
» me disait était si sensé, que je pris beau-
» coup d'estime pour elle. Un jeune-hom-
» me dont j'avais fait la connaissance pen-
» dant le voyage, s'éprit pour la *Petite*;
» il trouva le moment favorable; il cueillit
» la rose... mais elle n'était pas sans épi-
» ne, comme je l'ai su de lui-même dans
» la suite.

(K)

(K) I Partie, page 106.

L'Abbaye de Théléme de Rabelais, que M. D. D. R. regarde comme une imitation des lieux publics de Proſtitution, établis autrefois dans diférentes villes du Royaume, n'a, ſelon moi, aucun raport avec ces maiſons. C'eſt une invention aſſez plaiſante de cet Auteur, pour recompenſer d'une manière digne d'un Moine du 15 ou du 16. ſiècle, le frère *Jean des Entômûres*.

Après une victoire, Gargantua donne des recompenſes à tous ſes Capitaines : il ne reſtait plus que le Moine *Jean*, qui n'avait pas eu le moins de part au bon ſuccès. Le Prince lui offrit pluſieurs riches Abbayes ; mais le frère les refuſa, par la raiſon, *que de Moine il ne voulait avoir charge ne gouvernement : car, comment, diſait-il, pourrai-je gouverner autrui, qui moi-même gouverner ne ſaurais.* Il demanda qu'en conſidération du ſervice qu'il avait rendu, & de ceux qu'il ſe propoſait de rendre par la ſuite, on lui permît de fonder une maison, à laquelle il donnerait une règle à sa fantaisie. Sa requête ayant été agréée de Gargantua, il proposa au frère *Jean* un beau pays sur les bords de la Loire, nommé *Thélême*, pour y bâtir une Abbaye où tout ce qui se pratiquerait fût le parfait contraire, de ce qui s'observe dans les autres Couvens.

Cette maison ne sera point environnée de murs, parce que les Monastères sont murés ; *& non sans cause*, dit le Moine, *où mur y a devant & derrière, y a force MURMUR, envie & conspiration* : Les femmes ne doivent point entrer dans les Couvens d'hommes, & il est d'usage dans quelques-uns de laver la place, où elles auraient mis le pied, qu'elles fussent honnêtes ou non ; ici au contraire, on lavera les lieux par lesquels auraient passé des Religieux ou Religieuses. Il n'y aura point d'horloge, parce que chacun ne suivra d'autre règle que son goût & sa volonté dans les choses qu'il voudra faire ; n'y ayant pas de tems plus véritablement perdu, que celui où l'on compte les heures ; c'est la plus grande rêverie du monde de se gouverner au son d'une cloche, & non suivant le bon sens & la raison. De même, on met ordinairement dans les Cloîtres, les sujets incommodés, ou sans mérite ; à Thélême, on ne recevra que des jeunes gens alertes, & de jeunes filles qui auront toutes les perfections qui rendent aimable. Dans les maisons ordinaires, il n'y a que des hommes ou des femmes ; ici les hommes & les femmes seront toujours ensemble. On est engagé pour toute sa vie dans les autres Ordres ; on pourra quitter celui-ci dès qu'on s'ennuira.

Les vœux de chasteté, de pauvreté & d'obéissance, y sont changés, à quelque chose près, en leurs contraires.

On devait y recevoir les filles depuis dix ans jusqu'à quinze ; & les hommes depuis douze jusqu'à dix-huit.

Rabelais parle ensuite des revenus de l'Abbaye ; il en décrit la situation & les somptueux édifices. L'inscription qu'on mettra sur le portail, tient un Chapitre entier en vers burlesques. L'Instituteur veut qu'*on y fonde la foi, & qu'on en bannisse* soigneusement l'*erreur.* Après avoir parlé des bains, des jardins, de la fauconerie, il vient aux habits : rien n'en égale la magnificence : on en aura pour toutes les saisons, & l'on y verra briller, l'*argent*, l'*or*, les *perles*, les *escarboucles*, les *diamans*, les *rubis*, &c. En hiver, on s'habillera à la mode Française ; au printems, à l'Espagnole ; en été, à la Turque ; excepté les Fêtes & Dimanches, qu'on reprendra l'habillement Français......... Ce seront les Dames qui règleront les couleurs que devront porter les hommes. Il y aura un grand corps de logis à côté de la maison, où seront logés les Ouvriers qui feront toutes ces belles choses. L'emploi de la journée est réglé par ces trois mots : FAI CE QUE VOUDRAS : les personnes bien nées, tant qu'elles sont libres, ont en elles-mêmes un *aiguillon* qui les porte aux actions vertueuses ; au lieu que la défense donne au crime des charmes qu'il n'aurait pas sans elle : ils fesaient tous, par émulation, le bien qu'ils avaient vu faire à un seul, parce qu'ils pouvaient ne le pas faire. Rabelais finit ainsi : *Tant noblement estoient apprins, qu'il n'estoit entr'eux celui ne celle qui ne sçust lire, escrire, chanter, jouer d'instruments harmonieux, parler de cinq à six langaiges, & en iceulx composer, tant en carme* (1) *qu'en oraison solue* (2). *Jamais ne furent veus chevaliers tant preulx, tant galans, tant dextres* (3) *à pied & à cheval, plus vers, mieulx remuans, mieulx manians tous bastons qui là estoient. Jamais ne feurent veues dames tant propres, tant mignonnes, moins fascheuses, plus doctes* (4) *à la main, à l'aiguille, à tout acte muliebre* (5)*, honneste & libre* (6) *que là estoient. Par ceste raison quand le temps venu estoit qu'aucun d'icelle Abbaye, ou à la requeste de ses parens, ou pour autre chose voulust issir* (7) *hors, auecque soy il emmenoit une des dames, celle laquelle l'auroit prins pour son deuot, & estoient ensemble mariez. Et si bien auoient vescu à Theleme en déuotion & amitié, encore mieulx la continuoient-ils en mariage : autant s'entreaimoient-ils à la fin de leurs jours, comme le premier de leurs nopces.*

Ceci ressemble davantage à *la Cour d'A-*

(1) *C'est-à-dire*, en vers.
(2) en prose.

(3) adroits.

(4) habiles.
(5) de femme.
(6) noble.

(7) sortir.

[348]

mour, qu'à un Lieu de Débauche. On fait que les peintures cyniques ne coûtaient rien du tems de Rabelais, & que les honnêtes-gens même ne fefaient pas difficulté de s'amufer des Ouvrages de cet Auteur libre ; le Cardinal de Richelieu, dit-on, reçut fort mal un Savant, parce qu'il avoua qu'il ne les avait pas lus : ainfi ce n'eft nullement par retenue, que Rabalais termine fa defcription auffi modeftement ; mais c'eft qu'il a rendu tout ce qu'il voulait peindre.

On peut joindre à ce Projet idéal de Rabelais, l'Établiffement plus vraifemblable des *Pretty-girls* de la *Famille vertueufe*.

(L) I Partie, page 107.

Dans l'ancienne Rome, on voyait aux lieux de débauche le nom de chaque Courtifane fur la porte de fa chambre ; d'où vient que Juvénal parlant de Meffalline, qui empruntait celle de la fameufe Lyfifca, dit agréa-

(L)

Les Proftituées profanes, & dont la Religion n'était plus le motif, firent chez tous les peuples, un état à part. On leur affigna prefque toujours des endroits féparés, où elles puffent exercer avec moins de fcandale, leur infâme commerce. Les femmes publiques ont fixé longtems, même en France, l'attention du Gouvernement : il y en avait toujours un certain nombre dans les villes, à la suite de la cour & à l'armée, sous le nom de *Courtisanes*, ou de *Ribaudes*.

Les Lettres que donnèrent Charles VI en 1389, & Charles VII en 1424, pour faire règner le bon ordre dans les lieux de Prostitution, sont raportées par Lafaille dans son Histoire de Toulouse. Cet Auteur dit qu'il y avait anciennement dans cette ville & dans plusieurs autres, un lieu de débauche, qui était non-seulement toléré, mais autorisé même par les Magistrats, qui en retiraient un revenu annuel. L'an 1424, sur ce que l'on insultait souvent cette maison, qu'on nommait le *Châtel-vert*, & que par le desordre qu'y occasionnaient de jeunes débauchés, la ville était privée de ce revenu, les Capitouls s'adressèrent au Roi Charles VII, pour mettre cette maison sous sa protection ; ce que le Roi leur accorda. La requête des Capitouls paraîtrait singulière aujourd'hui : ils représentaient au Roi, que *certaines gens de mauvaise vie entreprènent d'aller casser les vîtres de cette maison ; sans aucune crainte de Dieu*. Non verentes Deum.

blement, Titulum mentita Lysiscæ.... On lisait aussi dans l'écriteau le nom de la Courtisane, & le prix qu'on lui donnait. On voit dans l'histoire d'Apollonius de Tyr la forme d'un de ces titres, *qui est assez plaisante :*
Quicumque Tarsiam defloraverit
Mediam libram dabit
Postea populo patebit
Ad singulos solidos.

Dans l'acte des Coutumes de Narbonne, il est dit, que *le Consul & les habitans avaient l'Administration de toutes les afaires de police, & le droit d'avoir, dans la jurisdiction du Vicomte, UNE RUE CHAUDE, c'est-à-dire, un lieu public de Prostitution.*

Jeanne I, Reine de Naples, & Comtesse de Provence, dans le Statut du lieu public de débauche d'Avignon, donne la qualité d'Abbesse à la Supérieure des filles Prostituées de cette ville.

Je vais raporter ce Règlement en entier.

Anciens Statuts du Lieu public de Débauche, d'AVIGNON.

L'an mil tres cent quarante & set, au hueit du mois d'avous nostro bono reino Jano a permés lou Bourdeou dins Avignon; Et vol que toudos las fremos debauchados non se tingon dins la Cioutat; mai que sian fermados dins lou Bourdeou, & que per estre couneigudos, que porton uno agullietto rougeou sus l'espallou de la man escairo, &c.

I. L'an mil trois cens quarante-sept, & le huitième du mois d'Août, notre bonne Reine JEANNE a permis un Lieu public de Débauche dans Avignon; & elle défend à toutes les femmes débauchées de se tenir dans la ville, ordonnant qu'elles soient renfermées dans le Lieu destiné pour cela, & que pour être connues, elles portent une aiguillette rouge sur l'épaule gauche.

II. *Item.* Si quelque fille qui a déja fait

faute, veut continuer de se prostituer, le Porte-clefs, ou Capitaine des Sergens, l'ayant prise par le bras, la menera par la ville, au son du tambour, & avec l'aiguillette rouge sur l'épaule, & la placera dans la maison avec les autres; lui défendant de se trouver dehors dans la ville, à peine du fouet en particulier pour la première fois, & du fouet en public, & du bannissement, si elle y retourne.

III. Notre bonne Reine ordonne que la maison de débauche soit établie dans la rue *du Pont-troué*, près du Couvent des Augustins, jusqu'à la Porte *Peiré* (de PIERRE); & que du même côté il y ait une porte par où toutes les gens pourront entrer, mais qui sera fermée à la clef, pour empêcher qu'aucun homme ne puisse aller voir les femmes, sans la permission de l'Abbesse ou Baillive, qui tous les ans sera élue par les Consuls. La Baillive gardera la clef, & avertira la jeunesse de ne causer aucun trouble, & de ne faire aucun mauvais traitement ni peur aux filles de joie; autrement, s'il y a la moindre plainte, ils n'en sortiront que pour être conduits en prison par les Sergens.

IV. La Reine veut que tous les Samedis, la Baillive, & un Chirurgien préposé par les Consuls, visitent chaque Courtisane; & s'il s'en trouve quelqu'une qui ait contracté du mal provenant de paillardise, qu'elle soit séparée des autres, pour demeurer à part, afin qu'elle ne puisse point s'abandonner, & qu'on évite le mal que la jeunesse pourrait prendre.

V. *Item.* Si quelqu'une des filles devient grosse, la Baillive prendra garde qu'il n'arrive à l'enfant aucun mal, & elle avertira les Consuls, qu'ils pourvoient à ce qui sera nécessaire pour l'enfant.

VI. *Item.* La Baillive ne permettra absolument à aucun homme d'entrer dans la maison le Vendredi saint, ni le Samedi saint, ni le bienheureux jour de Pâques; & cela, à peine d'être cassée, & d'avoir le fouet.

VII. *Item.* La Reine défend aux filles de joie d'avoir aucune dispute ni jalousie entr'elles, de se rien dérober, ni de se battre. Elle ordonne, au contraire, qu'elles vivent ensemble comme sœurs : que s'il arrive quelque querelle, la Baillive les accordera,

accordera, & chacune s'en tiendra à ce que la Baillive aura décidé.

VIII. *Item.* Que si quelqu'une a dérobé, la Baillive fasse rendre à l'amiable le larcin; & si celle qui en est coupable refuse de le rendre, qu'elle soit fouettée dans une chambre par un Sergent; mais si elle retombe dans la même faute, qu'elle ait le fouet par les mains du Bourreau de la ville.

IX. *Item.* Que la Baillive ne permette à aucun Juif d'entrer dans la maison : & s'il arrive que quelque Juif, s'y étant introduit en secret & par finesse, ait eu affaire à quelqu'une des Courtisanes, qu'il soit mis en prison, pour avoir ensuite le fouet par tous les carrefours de la ville.

Les habitans de Beaucaire en Languedoc, avaient établi une course où les Prostituées du lieu, & celles qui voulaient venir à la foire de la Madeleine, couraient en public la veille de cette foire célèbre, & celle qui avait le mieux couru & atteint la première le but donné, avait pour prix de la course, un paquet d'aiguillètes : c'est de-là qu'est venue l'expression proverbiale, qu'*une femme court l'aiguillète*, pour signifier qu'*elle prostitue son corps à un chacun*. C'était aussi l'usage en Italie de faire courir les Prostituées, & de leur proposer un prix : nous lisons que le célèbre *Castruccio de' Castracani*, Général des Luquois après la bataille de *Seravalle*, qu'il gagna sur les Florentins, donna des fêtes éclatantes sous les yeux de ses ennemis ; & afin de mettre le comble au mépris qu'il avait pour eux, il fit jouer au *palio* des femmes prostituées toutes nues, de façon que les vaincus pussent les apercevoir du haut de leurs murs. [*Ce* palio *était une pièce de brocard ou de velours, & d'autres étofes précieuses, qu'on gagnait à la course.*]

Les femmes publiques accompagnaient les troupes. Brantôme dit, qu'à la suite de l'armée du Duc d'Albe, que Philipe II envoya en Flandre contre les rebelles, qui s'étaient réunis sous le nom de Gueux, *il y avait quatre cens Courtisanes à cheval, belles & braves comme princesses, & huit cens à pied, bien en point aussi*. La Motte-Messemé parle des Courtisanes qui étaient à la suite de cette armée, avec plus de détail que Brantôme. Ce qu'il dit est d'autant plus curieux, qu'il se raporte en cela avec la disposition de beaucoup des Articles du Règlement proposé, qui veulent de la décence jusque dans la débauche, & qui lui ôtent ce qu'elle a de plus contraire à la nature, en laissant la liberté du choix, aussi bien à la fille publique, qu'à l'homme qui l'a designée. Je raporterai ces vers, quoiqu'ils se trouvent déja dans le Recueil aussi savant qu'agréable de M. D. D. R. afin qu'on ne soit pas obligé de les aller chercher ailleurs.

Deux gaillardes Cornettes
De bien trois cens chevaux, à tout le moins complettes,
Sous lesquelles marchoient des femmes de plaisir,
Pour servir le premier qui en avoit desir;
Pourvu, cela s'entend, qu'il leur fût agréable.
J'en trouvai la façon si fort émerveillable,
Que pour les voir passer j'arrêtai longuement,
Considérant leur port, leur grace & vêtement,
Enrichi de couleur, sous mainte orfevrerie.
J'en remarquai bien-là quelqu'une assez jolie...

Mais plus que la blancheur le brun les acompagne.
Leurs montures n'éroient de bestes de Bretagne,
L'une avoit un cheval, & l'autre lentement
Alloit sur un mulet, ou sur une jument :
Les harnois néantmoins de la houhe traînante
Sous leurs pieds, paroissoient de velours, reluisante
De cinq ou six clinquans cousus tout-à-l'entour.
Il les entretenoit qui vouloit tout le jour,
Mais avec un respect plein de cérémonie ;
Le Barisel major * leur tenoit compagnie.*

* Prevôt, ou Commissaire général.

Or ces Dames avoient tous les soirs leur quartier
Du Mareschal-de-camp, par les mains du Fourrier :
Et n'eust-on pas osé leur faire insolence.

* d'Albe.

Toutefois le Duc * las de telle manigance,
Leur donna ce sujet de prendre meilleur parti :
Pour les malcontenter, moi-même l'entendî
Crier publiquement de mes propres oreilles,
Et Dieu sait si cela leur déplut à merveilles !
C'est qu'entre elles ne fust pas une qui osast
Refuser desormais Soldat qui la priast
De lui prester sa chambre à cinq sols par nuitée.
Tâchant par ce moyen les chasser de l'Armée,
Qui lui seroit aisé, à ce que l'on disoit.
Et en avint ainsi : car telle se prisoit
Autant qu'autrefois fit cette Corinthienne. . . .
D'en avoir fait ainsi le Duc fut estimé
D'aucuns tant seulement, des autres estant blasmé:

Et ceux qui admiroient en cela sa prudence,
Alléguoient que c'estoit faire une grande offense
Et desplaisante à Dieu, d'avoir incessamment
Quant & soi un tel train, de vice allechement,
Apportant à la fin, par un si grand scandale,
Des gens les mieux vivans la ruine totale.
Chascun en devisoit selon sa passion;
Car ceux-là qui tenoient contraire opinion
Ne voulant confesser bonne cette Ordonnance,
Disoient que *le Soldat se donneroit licence
De forcer desormais par où il passeroit
Celle qu'à son desir resister s'essayeroit,
Puisqu'il avoit perdu son plaisir ordinaire,
A lui permis longtems comme* MAL NECESSAIRE.....
Mais pour ce qu'on en dit, le Duc ne retrancha
Son Edit nullement. Honnetes Loisirs de *La Motte-Messemé*, Liv. I, à la fin.

On ne peut que desaprouver l'expédient du Duc d'Albe: l'abus qui existait, était incomparablement moins grand, que celui qu'il a occasionné: mais que pouvait-on attendre, d'un homme, qui souilla par des exécutions sanglantes presque tous les jours de son Gouvernement dans les Pays-bas ? La Prostitution militaire fut avilie, & n'en devint que plus dangereuse.

Le prisonnier de Pantagruel dans Rabelais, après l'énumération hyperbolique des forces ennemies, ajoute : *cent cinquante mille P.... (voila pour moi, dit Panurge) dont les aucunes sont Amazones, les autres Lyonnoises, les autres Parisiennes, Tourangelles, Angevines, Poitevines, Normandes, Allemandes, de tout Pays & de toutes Langues y en a.*

Jean de Troies, Auteur de la *Chronique scandaleuse*, dit que le 14 Août 1465, il arriva à Paris deux cens Archers à cheval, à la suite desquels étaient huit *Ribaudes*, & un *Moine noir* leur *Confesseur*. Plaisant équipage, & le bel office que celui de Confesseur de ces *Ribaudes!*

(L) I Partie, page 125.

(L *bis*)

Le Législateur d'une ville d'Italie, fameuse par sa mollesse (c'est *Sybaris*) défendit de paraître avec des armes dans la ville sous quelque prétexte que ce fût, cet usage n'étant propre qu'à faire dégénérer en querelles sanglantes, le plus léger différend entre les Bourgeois. *Charondas* (c'est ainsi qu'il se nommait) scella sa loi de son sang. Car un jour, comme il revenait de la campagne, où il s'était trouvé dans la nécessité de s'armer, parce qu'elle était infestée de brigands, il entendit beaucoup de bruit vers la place ; il crut que c'était une émeute populaire ; il s'y rendit, sans faire attention qu'il portait une épée. En y arrivant, il reconnut qu'il s'était trompé, & que l'assemblée était paisible. Il allait se retirer, lorsque quelqu'un qui le haïssait lui fit observer qu'il contrevenait lui-même à la loi qu'il avait établie. *Tu as raison, répondit-il* à cet homme avec tranquillité : *tu vas voir combien je la crois nécessaire ;* & tirant cette arme fatale, il se la plonge dans le sein. Ce Législateur regardait sa loi comme si importante, qu'il ne crut pas devoir se pardonner à lui-même de l'avoir enfreinte par inattention. Je pressens qu'on va me dire que l'exemple d'un *Sybarite* n'est pas propre à faire autorité parmi nous. Mais les Citoyens de *Sparte*, ceux d'*Athènes* & de *Rome*, ne paraîtront pas des efféminés. Les plus Guerriers de tous les hommes, les plus Éclairés & les Vainqueurs de notre hémisphère, ne por-

taient point d'armes dans leurs villes * &
au sein de la paix : *Cedant arma togæ*,
dit Horace. Les *Barbares* du Nord, des
Huns, des *Goths*, des *Visigoths*, des
Francs, des *Vandales*, des *Bourguignons*,
des *Normands*, des *Sarrasins*, lorsqu'ils
eurent démembré l'Empire Romain en
le ravageant, ne connaissaient qu'une vertu, c'était la force : leur Droit civil, ce fut
le Droit de conquête ; il falut bien qu'ils
desarmassent nos pères, après les avoir
réduits en servitude, & que pour eux,
ils eussent le fer à la main, toujours prêts
à égorger leurs esclaves s'ils pensaient
à secouer le joug. Voila donc l'origine
de cette méthode galante de porter à
son côté une arme assassine, souvent fatale à celui qu'elle a paré. C'est un usage
des Goths, qu'ennoblirent un peu les
tems des Croisades ou de la Chevalerie :
& cet usage *gothique* subsiste encore !
Voyez combien nous sommes ridicules !
Ridicules !... & barbares : car le port d'armes occasionne dans le Royaume la mort
imprévue d'un nombre de particuliers de
tous les états, & par conséquent le mal-

* Ils avaient pourtant leurs poignards, mais l'usage n'en devint général à Rome, que du tems des Proscriptions.

heur de plusieurs familles; il occasionne encore la perte des meilleurs Soldats : de sorte que quelqu'un n'a pas craint d'avancer, que toutes ces pertes pourraient bien se monter chaque année à deux cents hommes : mais n'y en eût-il que cinquante ? la conservation de cinquante individus ne mérite-t-elle donc pas qu'on suprime *efficacement*, & *généralement*, une chose inutile ?

(M)   (M) I Partie, page 143.

Il est certain que la parure donne aux femmes la moitié de leur valeur. Tout ce qui peut embellir est fait pour elles ; c'est leur bien ; jamais on n'aura raison de dire qu'elles vont trop loin de ce côté-là : leurs grâces naturelles ou factices augmentent notre bonheur, & la somme des plaisirs. Otez à la plupart leur coîffure de goût, leur corset rassemblant, leur jolie chaussure, que restera-t-il ?... Non, l'honnête Citoyen n'est point ennemi de cette sorte de luxe, qui n'a pour but que de rendre le beau-sexe plus enchanteur, plus propre à porter dans nos cœurs cette douce joie, cette volupté légitime, qui naît d'un intérêt tendre, d'un sentiment auffi délicieux qu'il eft inexprimable.

Qu'une petite République, comme l'a dit un Sage, faffe des *Loix fomptuaires*; qu'elle empêche fes Citoyens de fe fervir des étofes étrangères trop coûteufes, ou qu'elle s'oppofe à l'établiffement de Manufactures qui emploieraient des fujets que de plus utiles travaux doivent occuper; elle a raifon. Mais une grande Monarchie, où les fortunes font néceffairement d'une inégalité énorme, a befoin du luxe: la France n'a pas le meilleur fol de tout l'univers; cependant c'eft le plus beau pays du monde; & ce qui lui procure cet avantage, c'eft le luxe, qui fait refluer les biens du riche entre les mains de l'Artifte & de l'Artifan. Tout ce qu'il faut éviter, c'eft que le luxe des villes ne tende à la dépopulation des campagnes. Car alors ce ferait faper tout l'édifice par les fondemens: mais s'il règne une jufte proportion, tout va bien. Il y a d'ailleurs, mille chofes d'un goût exquis, qui coûtent beaucoup moins de travail, de tems, d'argent, que cette maussade, embarrassante & somptueuse magnificence de nos Ancêtres. L'homme, sans doute, est le premier & le plus beau de tous les animaux : mais l'homme, je le répète, sans la parure, différerait, ma foi, bien peu par la forme, des plus laids d'entr'eux. Cela est trop connu pour m'y arrêter. Je regarde donc tout ce qui ajoute aux agrémens de l'espèce humaine comme quelque chose de louable, & qu'il faut encourager. Lorsque je rencontre un homme ou une femme laids, qui ont pris beaucoup de peine, en se parant, à déguiser d'injustes caprices de la nature, ou les ravages des années, je leur ai dans mon cœur une sincère obligation : je trouve qu'ils ont très bien fait de cacher sous un beau masque, une figure qui m'eût attristé. Je tressaille d'aise & de ravissement, lorsque je vois ce sexe charmant, dont dépendent nos plaisirs & notre bonheur, joindre aux fleurs de la jeunesse une parure de bon goût, qui en double l'éclat. Il faut être de mauvaise humeur, pour envier au genre humain un amusement aussi innocent. On le sait par expérience, à tout âge l'homme est à plaindre : un cri de douleur indique qu'il est né : la faiblesse, les dangers sans nombre accompagnent son enfance : en est-il sorti ? de noirs pédagogues, ou d'autres tyrans, le tourmentent comme des furies jusqu'à vingt ans : à cet âge dangereux, les passions creusent mille précipices sous ses pas, incertains encore, & mal assurés : s'il échape, que sa vertu commence à briller, l'envie s'attache à le dénigrer, à le poursuivre jusqu'à la vieillesse : il finit alors, comme il commença, par faire pitié. Eh ! daignez, censeurs injustes, lui laisser ses joujous & ses poupées, tant qu'ils l'amuseront ; il lui reste assez de momens pour sentir qu'il est malheureux !

(N)

(N) I Partie, page 207.

Un honnête homme de Province, avait une fille, dont la jolie figure & les heureuses dispositions lui fesaient espérer de la consolation dans sa vieillesse. Des amis, qu'il avait à la Capitale, lui firent entendre que la jeune Demoiselle recevrait une éducation bien plus convenable & plus avantageuse dans une pension qu'ils connaissaient, & dont ils lui répondirent. Ce père, qui ne cherchait que l'avantage de sa fille unique, la leur confia. L'aimable *Lucile* entra dans la pension. La maison était bien réglée : les jeunes personnes étaient toujours sous les yeux d'une Gouvernante aussi bonne qu'éclairée & prudente : aucune ne sortait qu'avec ses parens, ou quelqu'un envoyé de leur part, & connu. Qui n'aurait cru la jeune *Lucile* en sûreté ? La *dévotion*, une piété mal entendue la perdit. Un Prêtre fort estimé était Directeur de la maison. C'était un homme d'environ quarante ans ; d'une figure ouverte & assez belle. Sa conduite avait été jusqu'alors irréprochable, ou du moins, aucun de ses desordres n'avait éclaté. La jeune Provinciale avait un minois, & surtout de ces yeux, dont les hommes qui veulent conserver leur raison, ne doivent jamais affronter les regards. Vingt ans d'expérience ne rendirent pas plus sage l'indigne Ministre des Autels : voir Lucile, la desirer, former le dessein de triompher de son innocence, en prendre les moyens, ce fut l'effet du premier entretien particulier qu'il eut avec elle. Il abusa donc de la confiance de celle qui lui ouvrait son cœur & de l'estime que toute la maison où elle était avait conçue pour lui. Rien n'était malheureusement plus facile : car s'étant emparé de son esprit (& peut-être de son cœur dans le Tribunal) il demanda qu'on lui permît de l'y venir trouver deux fois la semaine. Comme la maison touchait à l'Eglise, Lucile y alla seule, il eut ensuite l'art de l'engager à venir chez lui recevoir des avis plus étendus. Mais il lui fit entendre qu'il fallait que ces visites fussent secrettes, pour ne la point faire jalouser de ses compagnes. Comblée de la préférence, la jeune personne nageait dans la joie. Elle n'avait que seize ans : plus innocente à cet âge, qu'on ne l'est à douze dans la Capitale, elle fut long-tems la victime de coupables libertés avant d'y rien comprendre. Enfin enhardi par le succès, l'infâme Prêtre la deshonora. *Lucile* ne comprit pas d'abord quelles devaient être les suites de l'attentat de son abominable séducteur. Mais lorsque l'évènement l'en eut instruite, quel desespoir ! elle voulait se donner la mort : elle était la victime, mais non la complice du monstre ; elle découvrit sans ménagement toute sa turpitude. Deux amis de son père, qui se trouvaient à *Paris*, & que Lucile, dans les premiers accès de son desespoir, instruisit elle-même, résolurent de poignarder ce scélérat : on pénétra leur dessein, & on les empêcha de venger un crime abominable par une action injuste, en tant qu'elle est défendue par les Loix. La jeune infortunée, après avoir déploré son malheur, de la manière la plus attendrissante, alla se renfermer dans une retraite : son père, ce vieillard qui n'espérait qu'en elle, à qui l'on cachait le malheur de sa chère fille, surpris du parti qu'elle prenait de renoncer au monde, quitta sa Province, pour venir la voir, la faire changer de résolution, & l'emmener avec lui. Il arrive, la demande : Lucile paraît les yeux mouillés de larmes, collés sur la terre : son père l'embrasse —O ma chère enfant, s'écrie-t-il, tu me vois, & tu pleures—! Lucile avait une Lettre toute prête ; elle la donne à l'auteur de ses jours : le vieillard lit : on le voit pâlir : ses genoux se dérobent sous lui ; il tombe.... Il venait de tout apprendre ; ce fut l'arrêt de sa mort : quelques jours après, on le mit au cercueil. *Lucile*, instruite de ce funeste accident, demande à sortir : elle veut, dit-elle, embrasser son père encore une fois, même après l'avoir perdu. On accorde cette satisfaction à ses larmes, à ses cris. Elle arrive ; se précipite sur le cadavre inanimé : —O vous que j'aimai si tendrement, & que j'ai poignardé, s'écrie-t-elle, mon père, recevez-moi dans votre sein.... Soit qu'elle eût pris un dangereux breuvage, ou que sa seule douleur fût assez forte, elle se courbe sur le corps de son père ; elle y demeure : on l'y laisse quelque tems. Enfin on veut l'en arracher ; elle ne respire plus.... O Loix ! le seul coupable est encore heureux !

F I N.

www.ingramcontent.com/pod-product-compliance
Lightning Source LLC
Chambersburg PA
CBHW050309170426
43202CB00011B/1828